KB042739

브랜딩
초보자를 위한

브랜드
산책노트

브랜딩 초보자를 위한 브랜드 산책노트

직접 발로 뛰지 않으면 절대 알 수 없는 핫한 브랜드의 비밀

초 판 1쇄 2024년 04월 19일

지은이 지영애
펴낸이 류종렬

펴낸곳 미다스북스
본부장 임종익
편집장 이다경
책임진행 김가영, 윤가희, 이예나, 안채원, 김요섭, 임인영

등록 2001년 3월 21일 제2001-000040호
주소 서울시 마포구 양화로 133 서교타워 711호
전화 02) 322-7802~3
팩스 02) 6007-1845
블로그 http://blog.naver.com/midasbooks
전자주소 midasbooks@hanmail.net
페이스북 https://www.facebook.com/midasbooks425
인스타그램 https://www.instagram/midasbooks

© 지영애, 미다스북스 2024, *Printed in Korea*.

ISBN 979-11-6910-599-6 03320

값 **19,000원**

미다스북스는 다음세대에게 필요한 지혜와 교양을 생각합니다.

브랜딩
초보자를 위한

브랜드
산책노트

직접 발로 뛰지 않으면
절대 알 수 없는
핫한 브랜드의 비밀

지영애 지음

미다스북스

브랜드 산책을 떠나며
2023년 11월 · Aileen

나의 교육기관인 '모비브 아카데미'에서는 격주로 탐방 과제를 내준다. 지영애CBO는 지정해 준 곳을 그냥 가 보는 것으로 그치지 않고, 고객의 관점에서 경험하고 느낀 점을 잘 정리하였다. 그렇다. 방문한 곳을 인증 샷처럼 인스타에 올리는 것은 별 의미가 없다. 지영애 CBO처럼 탐구하는 자세가 있어야 취향이 성장한다. 그 본보기로 좋은 책이다.

『브랜드로 남는다는 것』 저자, **홍성태 교수**

완벽한 브랜딩은 결코 브랜딩처럼 느껴지지 않도록 하는 것이다. 이 책은 열정 넘치는 멘토와 함께 숨겨진 브랜딩 비밀을 밝혀내기 위해 떠나는 여행이다. 브랜딩 전문가와 여러 공간을 방문하며 눈 앞에서 직접 브랜딩 노하우에 대한 설명을 듣는 착각을 불러온다.

『디스 이즈 브랜딩』 저자, **김지헌 교수**

브랜드는 기업의 영혼이다. 이 책은 우리 주변에서 크고 작게 반짝이며 소비자들의 마음에 울림을 주는 영혼들에 대한 순례의 기록이다.

저자는 풍부한 실무 경험을 가지고 있는 브랜딩 전문가일 뿐 아니라 고려대학교 경영전문대학원에서 마케팅과 브랜딩에 대한 체계를 확립하고 있는 이론가이기도 하다.

탁월한 브랜드 도슨트인 저자의 인도를 따라 우리에게 영감을 주는 브랜드의 비밀을 찾아나서는 가슴 뛰는 여정을 시작해 보자.

고려대학교 경영대학 유원상 교수

10년 전 유럽 여행을 다녀온 이후, 자취방 하나를 에어비앤비로 업로
드했다. 때마침 살던 건물 주변에 대규모 공사가 시작되면서 집주인으로
부터 빈집을 임대하여 운영해달라는 요청이 있었다. 곧 4채의 집, 6개의
방을 여행객들에게 임대하기 시작했다. 각 공간의 특징을 살려 콘셉트와
타깃, 가격을 달리하여 상품을 소개했고 서로 다른 니즈를 가진 고객들
이 끊이지 않고 찾아왔다.

소소하게 시작한 임대업 규모가 생길 때쯤, 지인의 브랜드를 확장하는
프로젝트에 참여하게 되었다. 저렴한 가격의 고퀄리티 돈가스로 연일 줄
이 끊이지 않던 망원시장 돈가스 매장을 프랜차이즈로 확장하는 프로젝
트였다. 모든 매장에서 동일하게 브랜드 가치를 전달할 수 있도록 브랜
드 로고부터 인테리어에 이르는 BI와 메시지를 개발했고, 입점 지역의
시장조사를 통해 메뉴 구성과 가격을 설정했다. 브랜드 오너의 요청으로
서로 다른 포지션의 매장 개점을 동시에 준비했다. 하나는 대학교 앞 가
성비 매장이었고, 또 다른 매장은 대기업 직장인들을 대상으로 한 파인

다이닝 레스토랑이었다. 지금은 그것이 시장 세분화를 통한 브랜드 포트폴리오를 구성하는 일이라는 것을 알지만, 당시에는 뭘 하는지도 모르고 일을 처리했다.

처음 경험하는 브랜딩 업무를 해결하기 위해 서점에서 '브랜드', '콘셉트', '디자인 싱킹' 등 브랜딩과 관련된 키워드의 책을 모조리 사다 읽었다. 아무리 공부해도 해결해야 하는 이슈에 비해 지식과 경험이 부족해, 다른 사람의 경험을 카피하기 시작했다. 온라인으로 찾아볼 수 있는 모든 브랜딩, 마케팅 에이전시의 포트폴리오를 정독했다. 또한 어떤 프로세스를 겪으면 이런 결과를 도출할 수 있을지 끊임없이 시뮬레이션하고 분석했다. 그렇게 나만의 브랜딩 프로세스가 생겼고, 나는 이듬해 브랜딩 담당자로 프리미엄 딸기 브랜드 〈마법의딸기〉를 론칭했다.

'브랜드'는 나에게 도전과 열정을 상징하는 단어이다.

브랜딩에 문외한이었던 내가 제품과 기업의 가치를 고민하고, 개성을 부여하고, 포지셔닝과 3C와 같은 마케팅 전략을 세울 수 있도록 성장시킨 마법의 단어가 '브랜드'이다. 내가 이토록 브랜드와 브랜딩에 몰입할 수 있었던 이유는 브랜드가 사람을 닮아 있기 때문이다. 브랜드는 이름(네이밍)에서 시작한다. 성격(브랜드 개성)도 있어야 하고, 추억(브랜드 스토리)도 필요하다. 그뿐만 아니라 살아가야 할 존재 이유(브랜드 미션)도 중요하고, 꿈(브랜드 비전)이 있어야 오래 사랑받을 수 있다. 심지어 출신과 배경(포지셔닝)을 고려해야 한다는 점도 사람과 많이 닮아 있다.

한 명의 아이를 키우기 위해 온 마을이 필요하다는 아프리카 속담이 있다. 하물며 브랜드를 만들고 유지하는 것 또한 정말 많은 사람의 노력이 필요하다. 2019년 〈마법의딸기〉가 론칭되고 많은 고객에게 사랑받았다. 전국 카페에서 〈마법의딸기〉를 이용한 프리미엄 딸기라테를 판매하고 있다. 최근에는 많은 사람이 딸기를 더 맛있게 즐길 수 있도록 마법의딸기청과 딸기 아이스크림, 딸기 베이커리까지 다양한 딸기 디저트를 개발하고 있다. 브랜드가 탄생하고 성장했다. 이렇게 성장하기까지 많은 멤버의 노력과 고객들의 사랑이 있었다.

하지만 〈마법의딸기〉는 시장 선두 브랜드에 따르는 위기를 맞이하고 있다. 대기업과 다수 중소기업의 카피캣이 등장하여, 고객이 직접 구매해 비교하기 전까지는 차이를 알기 어려워졌다. 동종 카테고리 내 대부분의 브랜드가 비슷한 이름, 똑같은 타깃과 똑같은 메시지로 경쟁하고 있다. 동일한 콘셉트의 경쟁 과열로 우리가 개발한 제품과 브랜드 정체성을 스스로 바꿔 차별화해야 하는 상황을 맞이했다.

이 책은 이런 브랜드 성장통에서 시작되었다. 브랜드의 정체성을 만드는 것을 넘어서 고객에게 오래 기억되고 더 나은 가치 제안을 위해 〈마법의딸기〉 멤버들과 함께 브랜드를 탐방하기 시작했다. 소위 핫플레이스라고 불리는 지역의 힙한 브랜드를 직접 방문하여 제품과 서비스를 경험했다. 사무실에서 브랜드 활동과 고객 리뷰를 분석하는 것만으로는 느끼기 어려웠던 브랜드의 여러 요소를 관찰하고 연구했다.

브랜드를 위기에서 구해내기 위한 사명감으로 시작했지만, 업무 시간을 쪼개 브랜드를 방문하다 보니 실제로는 멤버들과 기분 전환만 하다 오기도 하고, 인증 사진만 가득 찍어오는 날도 많았다. 실컷 놀다 온 죄책감을 덜기 위해 글을 작성하기 시작했다. 재미있게도 모니터링 조사원처럼 브랜드와 고객을 관찰할 때보다 한 명의 고객으로 브랜드를 경험했을 때 더 많은 인사이트가 생겼다. 한 명의 고객으로 브랜드와 '진짜 관계'를 하면서 브랜드의 정수를 경험하기 시작한 것이다. 이해가 되지 않는 브랜드를 억지로 분석하기보다 내가 느낀 솔직한 감정과 이유에 집중했다. 내가 어떻게 느꼈는지, 왜 그런 느낌이 들었는지에서 출발하니 자연스럽게 브랜드를 만날 수 있었다.

이 책은 브랜드에 대한 개인적 호불호를 떠나 브랜드가 어떤 모양새를 가지고 있고, 어떻게 고객들에게 자기다움을 전달하고 있는지 다루었다. 시간을 내어 모든 브랜드를 방문하기 어려울 독자들을 대신하여 브랜딩 요소를 생생하게 담고자 노력했다. 한 명의 고객, '에일린(저자의 닉네임)'이 직접 경험한 느낌과 생각을 담았다. 그럼에도 여력이 되는 한 직접 브랜드를 방문해 보길 적극적으로 추천한다. 브랜드는 고객과의 상호작용에서 살아 숨 쉰다. 방문한 이의 가치관과 취향 차이만큼 브랜드 경험도 다를 수밖에 없다. 책에서 소개한 요소들이 브랜드를 깊이 있게 경험할 수 있도록 도움이 될 것이다.

일부 브랜딩과 마케팅 용어가 등장하지만, 익숙한 용어를 먼저 사용하려고 노력했다. 브랜드를 관리하는 업종에 종사하지 않더라도 부담 없이 읽을 수 있을 것이다. '나'라는 일상적인 개념이 자연스럽게 브랜딩 개념으로 연결되길 바란다.

책이 나오기까지 많은 분의 도움이 있었다. 브랜드 세계에 눈을 뜨게 한 『디스 이즈 브랜딩』의 저자 김지헌 교수님, 브랜드 마케터의 모임, '모비브'로 브랜드 미학을 깨우쳐 주신 홍성태 교수님, 부족한 역량을 성장으로 이끌어 주신 전준수 대표님에게 감사를 드린다. 또한 지지와 응원을 아끼지 않은 가족과 브랜딩 초보자로 애써준 프릴에게 감사함을 전한다. 부족한 작가를 믿고, 원고를 끝까지 완성할 수 있도록 지원해 준 미다스북스와 오늘도 자기다움을 고민하는 많은 브랜드에 감사하다. 이 책이 브랜드는 익숙하지만, 아직 브랜딩이 어려운 당신에게 가장 친근한 브랜딩 가이드가 되길 바란다.

2장 >>>

콘셉트로 떠나는 세계여행, 용산동 용리단길

3장 >>>

트렌드를 이끄는 브랜드 마을, 성수동

4장 >>>

지역을 살리는 브랜드, 신사동 가로수길

1장 >>>

여유로움의 라이프스타일,
한남동

한남동은 대사관과 주택들이 많이 자리한 부촌으로 알려져 있다. 미군 기지를 중심으로 외국인들이 몰려 살기 시작하면서 자연스레 각국의 대사관이 지어졌고, 우리나라 대통령 관저도 한남동에 자리 잡고 있다. 그래서인지 한남동에는 유독 고급 주택과 갤러리, 미술관 등 품격 있는 공간이 많다. 언덕이 가파르고 길이 좁아 형성된 아기자기한 분위기는 상업 매장에도 영향을 끼친다.

브랜드를 운영할 때는 매장이 위치한 지역의 라이프스타일을 고려하는 것이 중요하다. 라이프스타일을 반영한 브랜딩은 소비자와 감정적 연결을 통해 소비자의 가치관과 일상생활 방식을 브랜드에 담아낸다. 이에 따라 소비자는 브랜드에 깊이 공감하고, 관계를 형성하게 된다.

한남동의 브랜드는 트렌드와 소비 패턴을 선도하면서도 여유로움을 잃지 않는다. 다른 지역에 비해 매장 분위기도 비교적 정적이고 지역과 자연스럽게 어우러지는 특징을 지니고 있다. 고급 주거지역과 문화적 다양성을 가지고 있는 이 지역의 라이프스타일을 반영한 한남동의 브랜드를 만나 보자.

>>> 1 <<<

지역을 닮은 브랜드

브랜드를 생각할 때 연관되어 떠오르는 모든 것을 '브랜드 연상'이라고 한다. 그리고 브랜드 연상의 합을 통해 그려지는 총체적인 심상을 '브랜드 이미지'라고 한다. 한남동을 브랜드로 본다면, 한남동의 브랜드 연상은 '고급 주택', '대사관', '갤러리'이고, 이 연상의 합인 '부자 동네'가 브랜드 이미지가 된다.

▲ 고급스럽고 여유로운 분위기를 풍기는 한남동의 매장들.
많은 가게가 야외 좌석을 두고 있어. 햇살 좋은 한남동의 낮 거리가 사람들의 목소리로 활기차진다.

지역의 이미지 때문인지, 이곳에 자리 잡은 브랜드들은 하나같이 부자 동네와 맥을 잇는 콘셉트를 가진다. 예를 들면, '여유로움', '예술', '마니아' 등 대중적이지 않은 특징을 가진 브랜드가 유독 많다. 한남동과 브랜드의 공통적인 연상이 각인되어 고급 상권이라는 고정관념을 형성하고, 이 고정관념은 한남동과 브랜드에 프리미엄 가치를 더한다. 이것이 우리가 한남동을 찾는 이유이고, 한남동에 고급 브랜드가 형성되는 이유다. 고급스러움을 담은 한남동의 브랜드를 살펴 보자.

한남동의 여유로움을 담은 브랜드
오아시스 / mㄸ 한남

〈오아시스〉는 대사관이 모여 있는 길목에 위치해 있다. 주택을 개조하여 따뜻한 느낌이 가득한 〈오아시스〉에서 브런치를 즐기다 보면 느껴지는 것들이 있다. 창문 너머로 보이는 울창한 나무와 한남동의 거리는 편안한 분위기와 여유로운 느낌을 준다. 이곳에서 제공하는 브런치 메뉴는 풍성한 재료를 기본으로 충실한 만족감을 제공한다. 특히 버터와 계란의 풍미가 가득한 두툼한 프렌치토스트는 부드러우면서도 깊은 맛이 일품이다.

무엇보다 〈오아시스〉에서 브런치를 즐기다 보면 신기한 점을 발견할 수 있다. 층마다 고객이 가득 차 있음에도 각 테이블의 이야기가 섞이지 않는다는 것이다. 저택을 개조해 구조가 나뉘어 있고, 아담한 규모에도 테이블이 적당한 거리감을 유지하고 있기 때문이다. 덕분에 일행과의 이야기에 집중할 수 있다. 이런 작은 요소가 고객을 편안하게 만들고 충분한 쉼을 경험할 수 있도록 한다.

우리는 거창한 메시지나 혁신적인 요소로 감동을 줄 수 있어야 브랜드라고 생각하기 쉽다. 하지만 브랜드는 '자기다움을 가장 자연스럽게 전달하는 것'이다. 그런 점에서 〈오아시스〉는 여유로운 한남의 모습을 그대로 보여주는 브랜드이다. 섬세하게 배려된 공간 속에 사람들의 생기가 잘 어우러진 여유로움이 〈오아시스〉가 꾸준히 사랑받는 비결이다.

▲ 플랜테리어를 활용하여 따뜻한 느낌의 〈오아시스〉 입구. 저택을 개조하여 매장의 규모가 크지 않다. 입구부터 아늑한 아지트 같은 느낌이 든다.　▲ 창밖의 생기와 함께하는 〈오아시스〉의 브런치.

〈오아시스〉에서 대로변으로 내려오는 길에 위치한 〈mtl 한남〉(이하 mtl)에서도 비슷한 분위기를 느낄 수 있다. 이곳의 시그니처인 큰 회전문을 통과해 매장에 들어서면, 큰 창을 통해 들어오는 햇살 아래 여유를 즐기는 다양한 사람의 풍경이 들어온다. 〈mtl〉은 스스로를 '사람들의 일상에 스며드는 로컬 셀렉샵과 카페'로 소개한다. 소개와 같이 이곳에서는 일상과 삶을 담아낸 부분을 곳곳에서 발견할 수 있다. 〈mtl〉은 다양한 필터 커피를 제공하고 있어 취향에 따라 커피를 선택할 수 있다. 또한 유제품이 들어가지 않은 비건 빵을 판매하고 있어 자신의 가치관과 취향에 따라 메뉴를 고르고 함께 어울릴 수 있는 곳이다.

▲ 인상적이었던 입구의 거대한 회전문. 가운데 축을 중심으로 문 전체가 회전한다. 노출 콘크리트와 플랜테리어가 어우러져, 매장 안에 있는데도 외벽을 보는 것 같은 착각이 들곤 한다.

무엇보다 〈mtl〉의 굿즈는 브랜드 철학을 가장 잘 보여주는 부분이다. 매장 안쪽 벽면에는 브랜드 MD의 취향이 돋보이는 상품들이 진열되어 있다. 다양한 삶의 모습을 소개하는 독립 출판 서적들이 전시되어 있고, 대나무와 스테인리스로 만든 빨대와 리유저블 컵, 친환경 칫솔 등 환경과 관련된 상품이 비치되어 있다. 정갈한 필기구, 인센스까지 상품의 종류가 다양하다. 굿즈를 살펴보고 있으면 나는 어떤 삶을 살고 있는지 스스로 질문하게 된다.

독특하게도 〈mtl〉 매장에는 테크노 음악이 꽤 큰 볼륨으로 흐른다. 재밌게도 조금 거슬린다 싶었던 음악이 커피를 들고 자리에 앉자, 빠르게 사색에 빠지도록 돕는 역할을 한다. 누군가와 이야기하기보다는 나 자신에게 집중하는 것이 자연스러운 공간으로 느껴진다. 한남동의 정적이지만 신선한 에너지 속에서 '삶'에 대한 질문으로 나를 들여다볼 수 있는 곳이다.

▲ 대나무 리유저블 빨대와 〈mtl〉 굿즈인 리유저블 컵. 환경을 보호하는 철학을 가진 사람들이 〈mtl〉을 사랑하게 만드는 요인이다.

▲ '오롯이 나에게로의 몰입'이 슬로건인 〈Ollol(올롯)〉의 인센스. 오롯이 나 자신에게 집중하게 되는 〈mtl〉과 잘 어울리는 브랜드이다.

〈오아시스 한남점〉 서울 용산구 이태원로45길 30 —

브랜드 콘셉트 : 한남동에서 즐기는 풍성한 올데이 브런치

인스타그램 : @oasisbrunch

〈mtl 한남〉 서울 용산구 이태원로49길 24, 1층 —

브랜드 콘셉트 : 서브컬처를 중심으로 개개인의 다양성을 지지하는 mtl 한남

브랜드 메시지 : 살아가며 마주하게 되는 다양한 가치를 제안합니다.

핵심 가치 : 다양성, 공동체, 지속 가능성

브랜드 슬로건 : Slice of healthier life, mtl

홈페이지 : http://mtl.co.kr

인스타그램 : @mtl_shopncafe

예술이 일상이 되는 순간

한남작업실 / ASTIER DE VILLATTE

허명욱 작가의 작업실을 콘셉트로 하는 〈한남작업실〉은 주택을 개조해 한적한 분위기의 건축물과 야외 테라스가 특징이다. 이곳은 커피와 디저트를 예술과 접목하여 특별한 경험을 제공한다. 허명욱 작가의 작품인 옻칠 굽접시(접시 밑에 높은 굽을 붙인 식기)와 만화 캐릭터 '아톰'을 공간 안에 자연스럽게 자리해 두었다. 또한, 별도로 분리된 작은 공간에서는 작가의 영상 작품을 재생하여 작가의 정신이 공간에 흐르도록 하였다. 공간에는 작품뿐만 아니라 작가가 실제로 사용했을 것으로 보이는 붓과 의자도 함께 전시되어 있다. 가장 핵심은 모든 음료와 디저트가 허명욱 작가의 작품(컵과 트레이)에 담겨 나온다는 것이다. 관람을 넘어 예술을 체험할 수 있는 공간이다.

작가의 작품인 옻칠 굽접시에 담겨 나온 디저트와 커피를 마시다 보면, 일상과 예술 사이의 경계에 대해 생각하게 된다. 한 걸음 멀리 바라보는 예술에 익숙한 우리에게 일상으로 경험하는 예술은 매우 이색적이다. 평소에도 매일 마시던 커피인데 허명욱 작가의 작품과 함께 마시니, 행위에 예술적 의미를 더하게 된다. 굽접시에 담긴 허명욱 작가의 작품 정신, '시간의 흐름과 함께 변화하는 색과 의미'를 떠올리며 사색과 감상을 즐길 수 있는 시간이다.

▲ 허명욱 작가의 작품과 아톰. 작가가 약 7세일 때, 안정과 위로를 주었던 건 항상 곁에 있던 아톰이었다. 작가는 자신의 모든 작업이 이 시기의 정서에서 출발한다고 말한다.

▲ '작업실' 분위기가 물씬 풍기는 도구들. 묶여 있는 긴 막대는 색을 칠하고 시간이 지날 때마다 날짜를 적어 그 색의 변화를 기록한 조각들이다.

◀ 작가의 작품을 통해 맛보는 〈한남작업실〉의
메뉴

〈ASTIER DE VILLATTE〉(이하 아스티에 드 빌라트)는 프랑스 명
품 그릇 브랜드로 알려져 있다. 이전까지는 파리의 생토노레(Saint-
Honore)와 투르농(Tournon)에만 정식 매장이 있었기에, 한남동에 위
치한 플래그십 스토어는 파리 매장 이후 전 세계 최초로 생긴 매장이다.
〈아스티에 드 빌라트〉의 두 창립자인 이반과 베누아는 야외 카페에서 시
간을 보내는 한남동의 모습이 마치 파리처럼 느껴져 마음에 들었다고 한
다. 그리고 이 건물을 영화나 소설 속에 나올 법한 파리처럼 만들고자,
대부분의 집기를 프랑스 파리에서 공수해왔다. 파리보다 더 큰 규모를
가지고 있어 브랜드의 다양한 물건을 감상할 수 있을 뿐 아니라, 카페와

테라스도 즐길 수 있다. 〈아스티에 드 빌라트〉 서울 플래그십 스토어에서는 섬세하게 가꿔진 인테리어에 한남동만의 여유가 더해져 18세기 파리의 감성을 느낄 수 있다.

▲ 마치 프랑스 건물 같은 〈아스티에 드 빌라트〉의 입구

▲ 18세기 파리가 연상되는 모습. 파스텔그린 배경에 금색 문양 벽지는 18세기 프랑스에서 유행했던 로코코양식을 떠올리게 한다.

　1층에는 〈아스티에 드 빌라트〉만의 독특한 디자인을 가진 캔들, 향수와 스테이셔너리(종이, 펜, 봉투와 같은 글쓰기와 관련된 문구류)들이 비치되어 있다. 하얀 유약으로 마감된 세라믹 제품들이 예술품처럼 고고한 자태를 내뿜는다. 2층에서는 브랜드의 대표 제품인 세라믹 그릇들을 만날 수 있다. 같은 제품끼리도 조금씩 다른 디자인과 마감이 독특해 하나밖에 없는 제품의 아름다움을 보여준다. 〈아스티에 드 빌라트〉는 창립자

　　　　　　　　　　브랜딩 초보자를 위한 브랜드 산책노트

가 직접 디자인한 가구로 시작한 브랜드인데, 3층에 위치한 대형 테이블이 1996년 출시 당시 디자인한 가구라고 한다. 이곳에 있는 모든 가구와 인테리어 상품은 구매가 가능하다. 종종 제품에 판매 완료 라벨이 붙어 있는 모습이 마치 갤러리를 연상시켜 흥미롭다.

이곳에서는 매니저에게 그릇, 주전자, 카펫 등 일상에 가까운 상품에 담긴 작가의 스토리를 들을 수 있다. 정형화되지 않아 조금씩 모양이 다르고, 내구성보다는 빈티지 미를 살린 작가의 장인 정신을 깊이 있게 경험할 수 있다. 알면 알수록 이곳의 제품은 상품보다는 작품에 가깝다. 제품마다 독특한 매력과 개성을 부여하는 브랜드의 특징이 갤러리 같은 전시 공간을 통해 예술 작품으로 전달되고 있기 때문이다.

◀ 전통적인 제조 방식에 현대 디자인이 접목된 세라믹 접시. 〈아스티에 드 빌라트〉의 대표 제품.

두 브랜드를 방문하면서 조금 먼 곳에 있다고 생각했던 예술이 어쩌면 우리의 일상에 흐르고 있음을 깨닫게 된다. 우리가 일상을 어떻게 만들어가고 의미를 가지는지에 따라 우리의 삶 또한 예술이 될 수 있다. 두 브랜드를 통해 일상의 예술을 경험하고 스스로의 예술을 정의해보기를 추천한다.

<한남작업실> 서울 용산구 이태원로55나길 7 —
브랜드 콘셉트 : 허명욱 작가의 작품으로 경험하는 일상의 예술
인스타그램 : @hannam_atelier

<ASTIER DE VILLATTE 서울플래그십스토어>
서울 용산구 이태원로49길 13 —
브랜드 콘셉트 : 과거로부터 얻은 예술적 영감을 바탕으로 장인들에 의해 독창적이고 흥미로운 제품을 만들어가는 프랑스 라이프스타일 브랜드
브랜드 메시지 : 조건의 개입 없이 아름다움 자체가 쓸모가 될 수 있다.
브랜드 철학 : 불완전함과 결함, 우연의 아름다움
홈페이지 : https://bmkltd.kr
인스타그램 : @astierdevillatte_korea

브랜딩 초보자를 위한 브랜드 산책노트

스토리가 만드는 브랜드 가치

치즈플로 / JL 디저트바

〈치즈플로〉는 국내 치즈 아르티장 조장현 셰프의 델리(햄, 치즈와 같은 조리 식품을 판매하는 고급 식당) 레스토랑이다. 무항생제 1등급 우유로 직접 정성스럽게 만든 치즈와 샤퀴테리(육류의 다양한 부위로 만든 가공식품)를 제공하고 있다. 이곳에서 제공하는 점심 세트를 주문하면 시작부터 끝까지 치즈가 들어간 다양한 종류의 메뉴를 맛볼 수 있다. 에피타이저로 캐러멜라이징된 치즈 스프레드(수분량을 많게 하여, 빵 따위에 발라 먹기 쉽게 만든 치즈)와 식전 빵을 시작으로, 얼린 배와 염소 치즈, 그리고 치즈 수프가 나온다. 메인으로 치즈가 가득 올려진 파스타까지 먹고 나면 식사가 끝난다. 요리마다 치즈 향이 강해 꽤 난도가 있는 메뉴 구성이다. 마니아적인 음식이지만 천천히 음미하다 보면 어느새 익숙해져 다양한 치즈의 풍미를 즐길 수 있게 된다. 맛과 재료에 대한 자부심만큼이나 브랜드에 담긴 치즈 스토리가 기대되는 레스토랑이다.

▲ 〈치즈플로〉 매장. 치즈와 관련된 서적, 그림을 인테리어 요소로 사용한 모습

▲ 모든 메뉴에 치즈가 들어가는 〈치즈플로〉의 메뉴.
매장에서 사용되는 치즈와 살라미(이탈리아의 염장 건조 소시지)는 모두 조장현 셰프가 직접 만든다.

　　〈치즈플로〉 매장에서는 입구부터 진열된 각종 치즈와 공간 곳곳에 배치된 치즈 관련 도서가 눈에 띈다. 실제로 비치된 책, 『집에서 즐기는 치즈』는 조장현 셰프가 집필한 것이다. 게다가 〈치즈플로〉가 운영하는 '치사모(치즈를 사랑하는 사람들의 모임)', 플로마켓 등 다양한 이벤트도 이곳에서 열린다. 메뉴부터 매장 구성과 이벤트까지 깊이와 진심을 다하는 브랜드이지만 다소 아쉬운 점이 있다. 그것은, 깊이 있는 치즈에 대한 스토리나 브랜드 활동이 매장 안에 직관적으로 드러나지 않는 점이다.

다양한 치즈를 사용한 낯선 요리를 먹다 보면 메뉴에 대한 궁금증이 생기기 마련인데, 아쉽게도 설명이 따로 제공되지 않는다. 낯설고 새로운 경험에 스토리를 더하면 고객에게 특별함을 전할 수 있다. 예를 들면, 메뉴에 사용된 치즈의 특징을 메뉴판이나 설명을 통해 전해 보자. 스토리를 통해 고객은 요리에 사용된 치즈의 풍미를 더 풍성하게 느끼고, 특징을 비교하며 먹는 재미도 더하게 된다. 어쩌면, 구릿한 향에 거부감이 들었던 염소 치즈가 '우유로 만든 치즈에서는 느낄 수 없었던 부드러움을 전달하는 치즈'가 될 수 있다.

〈JL 디저트바〉는 디저트 오마카세라는 콘셉트로, 주문한 디저트 메뉴가 눈앞에서 만들어지는 퍼포먼스를 즐길 수 있다. 대부분의 좌석이 셰프와 마주 볼 수 있도록 긴 바(Bar) 테이블로 이루어져 있다. 덕분에 내가 먹을 디저트가 만들어지는 모든 과정을 바로 앞에서 확인할 수 있다.

모든 메뉴는 만들어질 때마다 디저트를 이루는 원재료의 특징과 요리 과정이 스토리로 전달된다. 셰프의 이야기를 듣다 보면, 디저트를 구성하는 재료 하나하나를 다루는 정성에 감탄하게 된다. 신선한 제철 재료와 달콤한 초콜릿 스토리는 디저트의 맛을 기대하게 만든다. 마침내 완성된 작품을 직접 맛보는 순간에는 설명 그대로의 맛과 향이 풍성하고 달콤하게 다가온다.

각 재료의 특징과 정성을 알고 먹으니, 맛이 섬세하게 느껴진다. 심지어 입안에서 디저트가 사라지는 순간이 아쉬워 천천히 맛을 음미하게 된다. 눈과 입을 사로잡는 플레이팅과 스토리는 디저트의 풍성한 맛과 즐거움을 더하고, 놀랍고 인상적인 경험을 선사한다.

▲ 멋들어진 플레이팅에 스토리가 더해져 제법 고가임에도 수긍하고 즐기게 된다.
스토리의 힘을 몸소 체험하는 공간이다.

"아는 만큼 보인다."는 말이 있다. 브랜드 경험도 아는 만큼 깊이가 보인다. 우리 브랜드가 아직은 고객에게 낯선 브랜드라면, 고객에게 브랜드에 대한 정보를 전달하는 것이 필요하다. 그런 점에서 음식에 스토리를 더한 〈JL 디저트바〉는 디저트를 오마카세처럼 제공하여 풍성하게 맛

　　　　　　　　　브랜딩 초보자를 위한 브랜드 산책노트

을 즐기고, 인상적인 경험을 가능하게 했다.

　스토리는 선물의 포장지와 같다. 명품 선물도 달랑 본체만 내밀면 진정한 가치를 느끼기 어렵다. 소중한 선물이 더 귀하게 느껴지도록 포장하면, 받는 이는 포장을 풀기 시작하면서부터 선물에 담긴 정성을 '경험'한다. 이처럼 스토리는 먹는 즐거움을 더욱 가치 있게 고객에게 전달할 수 있는 강력한 무기이다.

<치즈플로> 서울 용산구 이태원로49길 19 —
브랜드 콘셉트 : 장인 정신과 진정성으로 만든 차별화된 치즈 전문점
커뮤니티 : 치사모(치즈를 사랑하는 사람들의 모임)
홈페이지 : https://www.cheeseflo.com
인스타그램 : @cheeseflo
블로그 : 플로꿈(https://blog.naver.com/edaume33)

<JL 디저트바> 서울 용산구 대사관로31길 7-2, 3층 —
브랜드 콘셉트 : 디저트 카페와 바가 결합된 새로운 콘셉트의 디저트바
브랜드 메시지 : 신선한 제철 식재료와 프리미엄 재료를 사용하여 눈과 입을 사로잡는 플레이팅 디저트를 제공합니다.
홈페이지 : https://www.jldessertbar.com
인스타그램 : @jldessertbar

라이프스타일로 탄생한 공간

사운즈 한남 / 앤트러사이트

저녁 늦게 방문한 〈사운즈 한남〉과 〈앤트러사이트〉, 두 곳에는 여름밤을 즐기는 공통된 분위기가 있다. 한남동 주민들을 가장 자연스럽게 받아들여 브랜드와 조화를 이루고, 평화로운 풍경을 만든다.

〈사운즈 한남〉의 주변에는 상업 매장이 비교적 적어 한가로운 한남동, 이국적이면서도 고급스러운 한남동의 분위기가 물씬 느껴진다. 〈사운즈 한남〉의 구조는 매우 독특하다. 밖에서 보면 한 건물처럼 보이지만 내부로 들어서면 마을처럼 여러 길과 작은 매장으로 나뉘어 있다. 건물의 높낮이가 동마다 다르고, 건물의 외벽이 내부와 외부를 분리하면서도 안팎으로 뚫려 있어 자연스럽게 연결된 모습이다. 이런 독특한 구조 덕에 〈사운즈 한남〉에서 걷다 보면 마치 광장과 골목을 거니는 느낌이 든다.

이렇게 반쯤 닫히고 반쯤 열린 구조는 지역과 〈사운즈 한남〉을 자연스럽게 연결한다. 공간 안은 레지던스와 오피스, F&B('food and beverage', 음식/음료에 관한 산업) 등 다양한 매장이 함께 어우러져 있다. '매거진 B'를 만드는 'JOH&Company'에서 도시 생활의 핵심인 '문화', '음식', '라이프스타일'을 〈사운즈 한남〉에 담아 건축했다. 늦은 저녁 〈사운즈 한남〉의 경치가 따뜻한 이유는 한남동의 라이프스타일을 고려한 브랜드의 섬세함 때문이다.

▲ 거대한 외벽 안에 숨겨진 마을 같은 〈사운즈 한남〉. 지하 1층부터 5층까지 화장품 매장, 꽃집, 영화관, 카페 등 다양한 라이프스타일 브랜드가 입점해 있다. 저층의 조그마한 건물들이 골목길로 서로 연결되어 걷다 보면 새로운 공간, 나만의 뷰포인트를 찾게 된다.

〈앤트러사이트〉는 합정동에 있는 신발 공장을 커피 전문점으로 리모델링하며 시작되었다. 기존 공장의 요소를 재해석하여 화제가 되어, 잇따른 서교점과 제주점 또한 이전 건물의 모습과 새로 지어진 부분을 절묘하게 어우러지게 건축하였다. 그에 비해 〈앤트러사이트 한남점〉은 새로운 해석의 부분을 느끼기 어려울 정도로 단순하게 구성되어 있다. 처음 이곳을 방문했을 때는 다른 곳에 비해 사뭇 단조로운 모습이 의아하였으나, 곧 이곳에 머무르고 있는 주민의 모습을 보며 〈앤트러사이트〉가 한남동에서 갖는 의미를 깨닫게 되었다.

〈앤트러사이트 한남점〉의 공간은 굉장히 오픈되어 있다. 1층 매장이 통유리인 까닭도 있지만, 넓은 마당이 매장의 내부와 외부를 연결하고 있기 때문이다. 이곳은 반려동물 동반이 가능하여 한남동 거리를 거닐던

주민들이 잠시 머물며 반려동물과 함께 시간을 보낼 수 있다.

〈앤트러사이트 한남점〉의 의미는 한남동의 건물도, 주민도 그대로 받아들이는 데 있다. 화려하게 다시 태어날 수 있는 공간을 최대한 있는 그대로 유지하며 방문하는 사람들의 이야기와 추억이 생겨나도록 의도했다. 갖추어진 모습보다는 시간에 따라 생겨나는 자연스러운 이야기로 다채로워지는 곳이다.

▲ 낮의 〈앤트러사이트〉. 건물 밖에 설치된 벤치는 애완동물과 함께하는 고객들의 쉼터가 된다.

두 브랜드는 한남동 주민들의 라이프스타일을 고려하여 지역과 상생하고 있다. 건축의 특징을 이용하여 거주민의 삶을 풍요롭게 하는 〈사운즈 한남〉과 있는 그대로의 모습을 일상에 담은 〈앤트러사이트 한남점〉의 모습은 다소 차이가 있다. 하지만 브랜드가 자기다운 방식으로 지역과 함께 공존하며 창조하는 이야기는 서로 많이 닮아 있어 흥미롭다.

〈사운즈 한남〉 서울 용산구 대사관로 35 —
브랜드 콘셉트 : 도시 생활 안에서 꿈꿀 수 있는 쉼과 행복
브랜드 메시지 : 이곳에 방문하는 사람들이 건강한 생활을 하고,
자기만의 온전한 시간을 갖고, 음악과 책을 깊이 있게 즐기길 바랍니다.
브랜드 핵심 가치 : Multi-Layered(다양성과 복합성),
Power of Small(작은 것의 위대함), Daily Inspiration(영감받는 삶),
Urban Greenery(식물과 그늘)
인스타그램 : @sounds.hannam

〈앤트러사이트 한남점〉 서울 용산구 이태원로 240, 1층-3층 —
브랜드 콘셉트 : 지역적 특색을 고려하여 짧고 강렬한 시간을 담아내는 앤트러사이트의 가장 실험적인 공간
브랜드 메시지 : 커피를 통해 모두의 삶에 연결되어 편안함과 긴장감 사이에서 함께 소통하고 싶습니다.
홈페이지 : https://www.anthracitecoffee.com
인스타그램 : @anthracite_coffee_roasters

문화와 예술이 존재하는 마을

리움미술관 / 현대카드 뮤직 라이브러리

한남동의 문화와 예술을 대표하는 브랜드라고 하면 바로 이 두 곳을 이야기할 수 있다. 다양한 작가의 전시를 진행하고 있는 〈리움미술관〉과 엄청난 양의 레코드판을 보유하고 있는 〈현대카드 뮤직 라이브러리〉이다. 현대적인 건축디자인을 자랑하는 두 브랜드는 광범위한 문화와 예술에 대해 접근성을 높이며 다양한 취향과 생각을 모으고 있다. 단순히 작품이나 음악을 전시하기보다는 방문객에게 교육을 포함한 특별한 경험을 제공하며 지식을 확장할 수 있도록 기회를 마련한다. 지역적으로 문화적 다양성을 띠고 있는 한남동의 정수를 담은 브랜드라 해도 과언이 아닐 것이다.

〈리움미술관〉은 세계적인 건축가 마리오 보타, 장 누벨, 렘 쿨하스가 설계하여 건물 자체만으로도 명성이 높다. 이곳은 고대부터 현대에 이르는 미술 작품을 아우르는 방대하고 수준 높은 컬렉션을 자랑한다. 고미술품과 현대미술품이 전시되어 있는 상설 전시관을 무료 개방하여 역사적, 예술적으로 가치 있는 작품들을 언제든 만나볼 수 있다. 특별 전시관에서는 개인전부터 특별전까지 다양한 주제와 작가들을 소개하며 방문객에게 다양한 예술적 시각과 경험을 제공하고 있다. 그뿐만 아니라 〈리움미술관〉은 작가를 만나볼 수 있는 아티스트 토크, 전문가의 전시 연계 세미나와 강연 등 여러 교육 프로그램을 제공한다.

◀ '〈큰 나무와 눈〉, 애니쉬 커푸어, 2011'. 15m 높이로 멀리서도 〈리움미술관〉을 알 수 있게 해 주는 작품이다. 현재는 에버랜드로 자리를 옮겼다.

방문했을 당시에는 김범의 개인전 '바위가 되는 법'이 특별 전시관에서 진행 중이었다. 미술 작품 관람이 익숙하지 않았지만, 디지털 도슨트(관람객에게 작품이나 전시품에 대한 설명을 제공하는 서비스)와 함께 작품을 감상하니 전혀 어려움이 없었다. 김범의 '바위가 되는 법'은 현실의 부조리와 불공평함, 갈등과 고정관념 등에 대해 비판적으로 바라볼 수 있는 전시였다. 작가는 일상에서 쉽게 마주치는 사물을 재해석하여 새로운 역할과 의미를 생각했다. 예시로 '자신을 새라고 배운 돌'은 사물인 돌을 새처럼 나무 위에 앉혀 놓았다.

작가는 사물의 생명과 감정에 대한 질문을 해학적으로 표현하고 있다. 전시를 관람하면서 '보이는 것과 믿는 것, 의미를 부여하고 있는 모든 것의 실체'에 대한 고민에 빠져들었다.

새로운 작가를 만난다는 것은 나의 세계와는 완전히 다른 세계관을 만나는 경험이다. 어쩌면 고요해 보이는 이 미술관은 수많은 세계관이 충돌하고 있는 공간일지도 모른다. 작품을 통해 새로운 세계를 경험하고 나면, 전시를 관람하기 전의 나와는 다른 내가 된다.

▲ 김범의 '바위가 되는 법' 전시

'〈자신을 새라고 배운 돌〉, 김범, 2010'. 작품 옆에는 누군가 돌에게 새처럼 사는 법을 가르치고 있는 내용의 영상이 방영된다. ▶

〈현대카드 뮤직 라이브러리〉는 '음악에서 비롯한 울림을 일상의 영감으로 끌어올리는 공간'이라는 콘셉트로 만든 음악 감상 공간이다. 1950

년대 대중음악의 중요한 매개체였던 바이닐(플라스틱으로 만든 원반 형태의 저장 매체로, '레코드판'이라 부르기도 함)을 통해 무형의 음악을 보고 만질 수 있도록 경험을 제공하고 있다. 이곳은 장르별로 선별한 1만여 장의 바이닐을 보유하고 있어 나만의 음악적 취향을 자유롭게 탐색하고, 직접 턴테이블로 감상할 수 있다.

런던에서 봤던 뮤지컬의 추억을 떠올리며 '레미제라블'과 좋아하는 영화, '라라랜드'의 바이닐을 골라 턴테이블(바이닐 레코드를 재생하는 기기) 앞에 앉았다. 조심스럽게 바이닐을 꺼내 턴테이블에 올려놓으니, 약간의 거친 노이즈와 함께 음악이 시작되었다. 내가 좋아하는 영화, 내가 즐겨 듣는 음악을 바이닐로 접하는 것은 굉장히 신선하고 설레는 경험이었다. 턴테이블 위에서 움직이는 바이닐과 카트리지 바늘(바이닐의 홈을 따라 이동하며 음악을 재생하는 역할)을 바라보며 음악을 듣고 있다 보니, 음악에 관련된 추억이 떠올라 회상에 잠겼다. 주위를 둘러보니 각기 다른 취향을 가진 사람들의 추억도 한 공간 안에서 재생되고 있었다.

〈현대카드 뮤직 라이브러리〉는 음악 감상뿐만 아니라 라이브 공연과 워크숍 등을 열어 음악 문화에 대한 접근성을 높인다. 예술이 흐르는 한남동에서 음악을 중심으로 취향을 즐기는 오프라인 경험을 제공한다.

▲ 각자의 취향과 세계를 즐기는 공간. 장르별로 선발한 1만여 장의 바이닐이 있다. 턴테이블로 음악을 들으면, 특유의 감성을 불러일으키는 노이즈와 함께 풍성한 음악이 흘러나온다.

〈리움미술관〉과 〈현대카드 뮤직 라이브러리〉는 미술과 음악이라는 각기 다른 분야와 매체에 초점을 맞추고 있지만, 광범위한 문화의 접근성을 높이고 있다는 공통점을 가지고 있다. 또한 높은 퀄리티의 콘텐츠와 프로그램을 통해 방문객들에게 깊이 있는 경험을 전달하고 있다. 여러분도 직접 방문하여 사고를 확장하고, 관심사를 공유하는 경험을 해 보길 권유한다.

<리움미술관> 서울 용산구 이태원로55길 60-16 —
브랜드 콘셉트 : 과거, 현재, 미래를 아울러 관객과 소통하는 문화적 공간
브랜드 철학 : 문화 창조, 융합, 소통
홈페이지 : https://www.leeumhoam.org/leeum
인스타그램 : @leeummuseumofart

<현대카드 뮤직 라이브러리> 서울 용산구 이태원로 246 —

브랜드 콘셉트 : 음악에서 비롯한 울림을 일상의 영감으로 끌어올리는 공간

브랜드 메시지 : 바이닐로 듣는 아날로그 음악의 울림

홈페이지 : https://dive.hyundaicard.com/web/musiclibrary

인스타그램 : @hyundaicard_dive

>>> 2 <<<
핫플에서 살아남는 브랜드

브랜드마다 특징과 매력이 넘치는 한남동에서 살아남기 위해서는 브랜드 간의 차별성이 필요하다. 예를 들어 유동 인구가 꽤 있는 장소에 괜찮은 카페를 오픈했다고 상상해 보자. 좋은 원두도 열심히 찾아보고, 맛있는 커피를 내리기 위해 교육도 받고, 인테리어에도 돈을 많이 들였다. 안타깝지만, 이 정도의 카페는 수도 없이 많다. 이런 노력만으로는 고객이 꼭 우리 카페에 와야 할 이유가 없다.

경쟁 브랜드와 다른 독특하고 구별되는 가치를 제공하는 것을 차별성이라 한다. 같은 제품과 서비스를 제공해도 우리만의 차별화된 특징이 있다면 고객에게 선택받을 가능성이 커진다. 만약 지속 가능한 가치라면, 오랫동안 안정적인 고객 관계를 유지할 수 있다. 그럼, 브랜드는 어떻게 차별화해야 할까? 한남동에서 브랜드의 가치를 차별화하여 고객에게 전달하고 있는 사례를 살펴보며 우리 브랜드의 차별화 지점을 찾아보자.

50   브랜딩 초보자를 위한 브랜드 산책노트

포지셔닝으로 경쟁력 높이기

부자피자 / 우육미엔

한남동은 이태원과 인접하여 외국 문화와 상권이 오랫동안 발전해 왔다. 피자와 중화요리는 모두 경쟁이 치열한 분야이지만, 각자의 포지셔닝을 통해 사람들의 발걸음을 이끄는 브랜드가 있다. 포지셔닝이란, 잭 트라우트를 통해 사용되기 시작한 개념으로 '이미지를 고객의 마음에 자리 잡게 하는 것'을 의미한다. 고객 마음에 이미지를 선점하고 유지함으로써 브랜드 선호도를 높이기 위한 전략이다. 브랜드 포지셔닝의 생생한 사례를 〈부자피자〉, 〈우육미엔〉 방문기로 확인해 보자.

피자는 이미 우리에게 익숙한 음식이다. 고급 정통 피자부터 만 원 이하의 가성비 피자까지 이미 충분히 세분되고, 포화한 시장이다. 이토록 경쟁이 심한 피자 시장에서 '이탈리아 정통 피자'로 브랜드를 단단하게 포지셔닝해 온 브랜드가 있다.

바로, 〈PIZZERIA D'BUZZA〉(이하 부자피자)이다.

◀ 〈부자피자〉의 입구. 대기하는 사람들로 항상 가득하다.

이곳의 상호와 메뉴만 보더라도 '이탈리아 정통 피자' 브랜드라는 것을 알 수 있다. 브랜드명, 'PIZZERIA D'BUZZA'는 '부자의 피자 전문점'이라는 뜻이고, 매장 어닝에 적힌 'FORNO A LEGNA'는 화덕을 지칭하는 말이다. 메뉴명도 모두 이탈리아어로 되어 있을 뿐만 아니라 제공하는 모든 메뉴 또한 화덕 피자가 중심인 이탈리아 음식으로 통일되어 있다.

2012년 오픈한 〈부자피자〉는 개장 이후로 끊임없이 인기를 얻고 있다. 비 오는 날 방문했음에도 여지없이 대기를 피할 수 없어 포장을 선택했다. 이곳의 대표 메뉴인 부자 클라시카(바질 페스토, 토마토, 루콜라 등을 얹은 피자)와 마르게리따(토마토, 모차렐라, 바질을 얹은 이탈리아 피자)를 주문했다. 주문하는 잠깐 사이에도 매장 안은 바질 페스토와 토마토소스 향이 가득했고, 작은 매장 안에 빽빽하게 들어찬 손님들은 맛있는 피자를 즐기며 활기찬 에너지를 뿜어내고 있었다.

화덕 앞은 부지런히 피자를 만들고 있는 직원들로 분주했다. 작은 매장 덕분에 테이블에서도 피자가 구워지는 과정을 볼 수 있었다. 화덕에서 나온 따뜻한 피자를 바로 받아 맛보는 사람들의 감탄은 대기 중인 고객들에게 기대와 설렘을 안겨주기에 충분했다.

▲ 깔끔한 유니폼을 입고 화덕에 피자를 굽는 직원들.

▲ 매장에서 갓 나온 부자 클라시카, 따뜻한 도우에 촉촉한 올리브 오일이 어우러져 맛있다.

이곳의 매력을 꼽자면 여지없이 '맛있는 피자'이다. 화려한 인테리어나 근사한 스토리 없이도 〈부자피자〉의 따뜻하고 쫄깃한 도우와 수북이 올려진 신선한 재료는 입안 가득 꽉 채우는 만족감을 선사한다.

대표 메뉴인 부자 클라시카는 토마토소스가 발린 도우 위에 풍성하게 올라간 루콜라와 치즈가 올리브 오일 향과 함께 어우러진다. 신선하고도 깊은 토마토 맛과 향이 일품이다. 함께 주문한 마르게리따는 토마토소스와 덩어리째로 얹어진 모차렐라 치즈가 상큼하고 고소한 맛을 이루며 담백한 조화가 뛰어나다. 무엇보다도 이곳의 쫄깃한 도우는 남길 것이 하나도 없을 만큼 맛있다.

〈부자피자〉의 포지셔닝은 '가장 맛있고 신선한 화덕 이탈리안 피자'이다. 고객이 '가장 맛있는', '이탈리안 화덕 피자'를 원할 때 곧바로 떠오르는 브랜드가 이곳이다.

〈부자피자〉와 매우 근접해 있는 〈우육미엔〉은 2018년도부터 5년간 꾸준히 미쉐린 가이드에 선정된 곳이다. 미쉐린 가이드 서울 2022에서는 이곳을 '현지보다 맛있는 우육미엔을 만들기 위해 모인 셰프들이 뭉쳐 탄생한 곳'으로 소개한다. 다만, 최근 〈우육미엔〉에 대한 고객들의 평이 다소 엇갈리고 있어 이유를 파악하고자 방문하였다.

▲ 대만이 연상되는 빨간 벽돌 건물. 간판과 입구의 메뉴판에만 한글이 있고, 나머지는 전부 한문으로 적혀 있다.

▲ '未曾有食(미증유식)'이라고 적힌 한문 간판. '지금까지 본 적 없는 음식'이라는 뜻이다.

브랜딩 초보자를 위한 브랜드 산책노트

〈우육미엔〉은 눈에 띄는 빨간 외벽과 창에 부착된 큼지막한 한문으로 중화요리 레스토랑의 정체성을 확실하게 보여준다. 내부에 들어서면 벨벳의 노란 커튼과 붉은 조명이 시선을 빼앗는데, 강렬한 원색을 매장에서 많이 사용하는 대만의 특징을 반영한 것으로 보인다.

대표 메뉴인 이태원 우육미엔을 포함하여 다양한 면 요리와 튀김 요리류가 있다. 한남동의 평균 물가를 고려했을 때 〈우육미엔〉의 가격(우육미엔 8,500원, 새우 어향가지 8,000원)은 매우 접근성이 좋은 편이다. 그렇다면 음식의 퀄리티는 어떨까? 조심스럽지만 솔직한 평으로, 명성에 비해 감탄할 정도는 아니다. 특별하거나 감동할 부분이 없는 평범한 우육면이었다. 평범하다고 생각한 이유는 다소 적은 음식의 양과 정성을 느끼기 어려운 요리의 비주얼이다. 이태원 우육미엔은 고기와 면의 양이 푸짐하지 않은데, 고명으로 들어간 쪽파 외엔 딱히 다른 야채나 재료가 없어 먹고 나서도 허전한 느낌이 들었다. 이곳이 이렇게까지 유명한 이유가 조금 의아해지자 문득 〈우육미엔〉이 스스로 정의하고 있는 포지션과 가치가 무엇인지 고민하게 되었다.

매우 현실감 있는 인테리어와 집기들, 그리고 무엇보다 저렴한 메뉴의 가격을 고려했을 때 어쩌면 이곳이 원하는 포지셔닝은 '허들 없이 경험하는 대만의 음식'이라는 생각이 들었다. 하지만 고객은 한남동이라는 지역적인 특성과 미쉐린 가이드라는 틀 때문에 특별한 맛, 감동적인 경험을 기대하게 된다. 이런 기대가 더 큰 아쉬움을 느끼게 한다는 생각이 들었다.

세상에는 저렴한 가격이 이점인 곳과 가성비를 따지는 것이 의미 없는 고급 레스토랑까지 다양한 포지션의 음식점이 있다. 〈우육미엔〉의 포지션은 '비교적 저렴한 가격으로 손쉽게 즐길 수 있는 대만 음식'이다. 오히려 미쉐린 가이드 선정이란 사실로 '맛집 보증수표' 이미지가 〈우육미엔〉의 원래 포지셔닝에 혼란을 주고 있었다.

〈우육미엔〉이 맛집에 걸맞게 재포지셔닝될지, 본래의 취지에 맞추어 고객 이미지가 수정될지 앞으로의 행보가 궁금하고 기대된다.

▲ 대만식 우육면의 기본이라 할 수 있는 맛. 최근 마라탕, 탕후루 등 중국과 대만 음식이 한국에 많이 유입되며 우육면도 꽤 알려졌기에 더욱 익숙하게 느껴졌다.

<부자피자 1호점> 서울 용산구 이태원로55가길 28 1층 —

브랜드 콘셉트 : 전통 화덕으로 이태리의 향기를 느낄 수 있는 핏제리아

브랜드 메시지 : 맛있는 피자로 당신에게 미소와 행복을 전합니다.

인스타그램 : @buzzapizza

<이태원 우육미엔> 서울 용산구 이태원로55가길 26-8 —

브랜드 콘셉트 : 합리적 가격과 맛으로 이태원에 자리매김한

정통 대만 스타일의 우육면 전문점

인스타그램 : @wooyukmien

역사로 다져지는 정체성

나리의 집 / 바다식당

　이국적인 매력을 뽐내는 매장들이 즐비한 한남동에서 삼겹살과 부대찌개를 판매하며 맛집으로 굳건히 자리 잡고 있는 매장이 있다. 바로, 〈나리의 집〉과 〈바다식당〉이다. 사람들이 사랑하는 브랜드를 분석하기에 앞서, 이 두 매장이 과연 브랜드인가에 대한 고민이 들었다. 우선, 두 브랜드는 '브랜딩'이라는 개념을 처음부터 다시 고민하게 했던 사례라는 것을 밝히고 싶다. 그만큼 당연하지만, 누군가는 놓치고 있었을 브랜드다움을 논하고 싶기 때문이다.

　〈나리의 집〉은 한남동의 맛집들이 가장 밀집해 있는 골목에 자리 잡고 있다. 한 걸음만 걸어도 인증 사진을 부르는 명성 자자한 브랜드가 가득하다. 그에 비해 〈나리의 집〉은 투박한 간판이 40년의 역사를 그대로 보여주고 있다. 그럼에도 식사 시간에는 1시간 대기가 우스울 정도로 인기가 많은 명소이다.

▲ 나리의 집 간판과 외관

하루 종일 여러 브랜드를 방문하며 배가 꽉 찬 상태로 방문했지만, 김치와 삼겹살 조합에 음식이 술술 들어갔다. 쫄깃하고 담백한 맛이 일품인 삼겹살과 새콤달콤 매콤한 파채 무침의 조합은 찰떡궁합이었다. 한남동까지 와서 대패 삼겹살을 찾는 심정이 이해되지 않았었지만, 부른 배도 달래는 경험을 하고 나니 생각이 많아졌다.

〈나리의 집〉은 어떻게 그 모든 풍파를 지나 삼겹살 하나로 오랜 시간 사랑받고 있는 것일까? 의문이 풀리기 시작한 것은 식당을 나오면서부터였다.

함께 오고 싶은 누군가를 떠올리며, 곧 다시 찾아오겠다는 다짐으로 〈나리의 집〉을 나섰기 때문이다.

한국인에게 삼겹살은 소울푸드(Soul food)라는 말이 있다. 오랜 친구와 식사 약속을 잡을 때, 회식 장소를 고려할 때, 가장 자연스럽게 찾는 것이 바로 삼겹살집이다. 그리고 그중에 가장 맛있는 삼겹살집이 바로 〈나리의 집〉이다.

〈바다식당〉은 양배추와 소시지 햄으로 만들어진 부대찌개, '존슨탕'을 주메뉴로 판매한다. 우리가 흔히 먹는 부대찌개와 같은 형태이지만, 들어가는 재료와 맛이 사뭇 신선하다. 김치 국물을 베이스로 하는 부대찌개와 달리 존슨탕은 사골 국물을 베이스로 김치 대신 양배추가 들어가 있다. 그래서인지 부대찌개의 매콤한 맛 대신 깊고 진한 맛이 생소하면서도 맛있다. 매장의 스토리를 들어보니 사장님이 독일 이민 시절, 현지에서 구하기 쉬운 재료로 만든 부대찌개에서 탄생한 메뉴라고 한다. 그 덕분에 익숙하면서도 이색적인 맛을 탄생시켰다.

〈바다식당〉은 자신들만의 요리를 50년이 넘도록 꾸준히 제공하고 있다. 오랜 시간 동안 수많은 사람들에게 존슨탕을 제공하며 〈바다식당〉만의 역사를 이어오고 있다. 그 역사는 매장 입구에 걸린 수많은 유명 인사의 사인과 방문기로 확인할 수 있다. 액자로 전시된 유명인들의 사인을 자세히 살펴보면 적지 않은 수의 사람들이 재방문하고 있다는 것을 알 수 있다. 이들은 오랜 시간 동안 꾸준히 변하지 않은 팬심으로 브랜드를 찾고 있었다. 〈바다식당〉은 존슨탕을 기억하고 추억하는 재방문 고객을 중심으로 굳건히 자리하며 지금까지도 역사를 이어가고 있다.

▲ 바다식당의 세월과 명성을 보여주는 유명인들의 사인

〈바다식당〉과 〈나리의 집〉은 한국인에게 가장 익숙한 매장 모습으로 익숙한 메뉴를 판매하며 오랜 시간 사람들의 사랑을 받고 있다. 다시 말하면, '오래된 맛집'인 것이다. 그리고 동시에 브랜드이다.

브랜딩은 '자기다움을 형성'하는 것과 '전달하는 것'으로 이루어져 있다. '자기다움을 가지고 있는가?'를 브랜드의 정의로 본다면, 〈나리의 집〉과 〈바다식당〉은 어떤 곳보다도 가장 강력한 브랜드라고 할 수 있다. 있는 그대로, 역사 속에 자연스럽게 구축되어온 '자기다움'이 바로 이들의 정체성이기 때문이다.

사람도 40년이면 바뀌기 어려운 자아가 형성된다. 그만큼 긴 시간 유지된 〈나리의 집〉과 〈바다식당〉은 모든 모습이 자연스럽게 브랜드로 형성되었다. 있는 그대로 형성된 자기다움이 변하지 않고 유지되며 오랜 시간에 걸쳐 고객에게 맛집으로 포지셔닝된 것이다. 같은 아이템의 새로운 브랜드가 생긴다 해도 이 두 브랜드가 변하지 않는 한, 고객의 인식을 변화시키기 어려울 것이다. 이것이 세월을 견디어 낸 브랜드가 갖는 단단한 힘이다.

"세상에 새로운 것은 없다."라는 말처럼 매장도, 브랜드도 포화 상태인 시대이다. 더 새롭고, 차별화된 브랜드를 만들려고 노력하는 시대에, 가장 익숙한 것으로 끊임없이 사랑받는다는 것이 어쩌면 가장 강력한 브랜드의 비결이지 않을까.

〈나리의 집〉 서울 용산구 이태원로 245, 1층 ─
브랜드 콘셉트 : **전통 냉동 대패 삼겹살**
브랜드 메시지 : **전설적인 손맛으로 제공하는 맛있는 식사**

〈바다식당〉 서울 용산구 이태원로 245, 2층 ─
브랜드 콘셉트 : **새롭지만 익숙한 깊은 맛, 존슨탕**
브랜드 메시지 : **경험에서 탄생한 존슨탕으로 전하는 푸짐한 한 끼 식사**

한국에서 한식당 브랜딩하기

빠르크 / 난포 한남

한국에는 다양한 종류의 한식집이 존재한다. 앞서 소개한 삼겹살, 부대찌개와 같이 대중적인 음식부터 고급 한정식과 퓨전 요리까지 카테고리만으로도 셀 수 없다. 이 수많은 한식당 중에 어떻게 가장 '한국스럽게' 브랜딩할 수 있을까? 한국에서 '한국다움'을 브랜딩한다니, 어쩐지 어불성설 같기도 하다.

외국에서는 '한국'이라는 이미지가 연상되는 요소를 차용하여 비교적 쉽게 한식당 이미지를 만들 수 있다. 하지만 한국에서 한국다움을 보여준다면 이야기가 달라진다. 그렇기 때문에 브랜딩이 더욱 중요하다. 한국다움을 어떻게 해석하는지가 우리의 정체성이 되고, 그 정체성을 기준으로 브랜드만의 이미지를 형성하게 되기 때문이다. 그리고 그 브랜드 이미지는 수많은 다른 이미지와 차별화되어 새로운 가치를 갖게 된다.

〈빠르크〉는 '엄마의 레시피'라는 메시지로 한식을 제공하고 있는 브랜드이다. '엄마의 레시피'라는 말만으로도 '정성스러움', '건강함'이 바로 떠오르지 않는가? 한식 중에서도 '건강하고 정성이 가득한 한식'을 제공하겠다는 메시지를 브랜드 콘셉트로 표현한 것이다.

이곳의 대표 메뉴는 엄마의 집밥이 떠오르는 나물 한 상, 제육볶음, 갈비, 쌈밥이다. 자리에 앉아 메뉴판을 열어보니 '매실청에 재운 국내산 제육볶음'이 눈에 들어왔다. '우리 엄마도 제육볶음에는 설탕 대신 매실을 넣곤 했는데….' 불현듯 스쳐 지나가는 생각 속에 엄마가 만들어주던 식사가 떠오른다.

▲ 〈빠르크〉의 내부 분위기. 따스한 색의 조명과 흰 벽은 어떤 음식이 나오더라도 어울리는 인테리어다. 한 상에 밥과 국, 여러 반찬이 담기는 한국식 식사 메뉴와도 잘 맞는다.

▲ 정갈하게 담긴 〈빠르크〉의 한 상. 수저를 감싼 종이에도 'KOREAN MOTHER'S RECIPES & MORE'라는 글귀가 적혀 있다.

〈빠르크〉의 식사는 1인 차림으로 쟁반에 담아 나온다. 메뉴를 담은 유기그릇은 한 끼의 식사도 정성이라는 이미지를 전달한다. 또한 깔끔하게 포장된 수저에는 'KOREAN MOTHER'S RECIPES & MORE'라는 문구를 담아 브랜드의 메시지를 분명하게 전달한다. 그뿐만 아니라 밑반찬의 구성은 철에 따라 바뀌는데, 여기에는 〈빠르크〉 대표의 어머니께서 만들어주신 반찬 중 가장 정성이 가득했다던 나물이 꼭 포함된다.

브랜드 콘셉트를 나타내는 요소가 하나의 메시지로 통일되는 것은 매우 중요하다. 메시지가 분명할수록 고객은 '정성스러운 한 끼', '엄마의 정성'이라는 이미지와 감성을 선명하게 경험하기 때문이다. 이곳에 방문한

브랜딩 초보자를 위한 브랜드 산책노트

고객은 엄마의 밥이 그리워질 때면 자연스레 〈빠르크〉의 음식을 떠올리게 된다.

이렇게 정확한 타깃이 있을 때, 브랜드 타깃은 확장되기도 한다. '정성스러운 한식'을 소개하고 싶은 대상으로 타깃이 확장되는 것이다. 예를 들어, 외국인 친구를 초대할 때도 〈빠르크〉는 엄마의 밥상을 대신 전달하는 좋은 선택지가 될 수 있다.

〈빠르크〉가 엄마의 정성스러운 밥상이라면, 〈난포 한남〉은 건강한 밥상을 떠오르게 하는 '외할머니 댁'을 콘셉트로 한 브랜드이다. 성수에서 시작한 이 브랜드는 외할머니가 손녀를 위해 만든 정성 어린 음식을 회상하며 구성했다고 한다.

〈난포 한남〉은 외부 바닥부터 내부의 벽면, 테이블까지 이어지는 타일이 굉장히 독특하다. 또한, 매장 곳곳에 할머니 댁을 연상시키는 요소들이 배치되어 있다. 매장 벽면을 가득 채운 각종 담금주는 할머니 댁에서 보았던 술병 가득한 찬장을 떠올리게 한다. 매장 입구에 적힌 메시지는 더욱 직접적으로 할머니에 대한 그리운 감정을 전달한다.

"푸르디푸른 바다, 난포. 짙은 바다색만큼이나 그리운 나의 외할머니,
그 옛날 손녀만을 위해 차려주시던 그리운 음식"

▲ 한쪽 벽면 전체가 담금주로 채워져 있는 모습이 인상적이다. 오랜 시간 익혀야 하는 담금주의 특성 때문인지 이 공간에 외할머니 댁의 긴 세월이 더해지는 느낌이다.

〈난포 한남〉은 작은 어촌에서 영감을 받아, 제철 회, 문어와 같은 해산물 메뉴를 메인으로 한다. 특히 이곳의 해산물 메뉴는 양념을 최소화하고 원재료의 맛을 충분히 살려, 심심한 맛의 건강한 음식을 제공한다. 대표 메뉴인 '돌문어간장국수'는 돌문어와 쫄깃한 생면 위로 풍성하게 올라간 채소가 건강한 소스로 버무려져 있다. 이곳의 또 다른 인기 메뉴, '강된장쌈밥'은 케일로 감싼 쌈밥을 강된장 위에 올려 먹음직스럽게 나온다. 할머니 집에서야 먹을 수 있었던 강된장과 정성스러운 쌈의 조합은 많은 이들로 하여금 정성과 추억의 감성을 느끼게 한다. 〈난포 한남〉이 선사

브랜딩 초보자를 위한 브랜드 산책노트

하는 건강과 정성스러운 메시지는 공간의 구성, 메뉴, 플레이팅 방법까지 동일한 이미지를 떠올릴 수 있도록 일관되게 설계되었다.

▲ 〈난포 한남〉의 돌문어간장국수. 어촌에서 영감을 받아 밑반찬도 해산물이다. 일반 물 대신 보리차가 나오는 것도 집에서 직접 보리차를 끓여주시던 할머니를 떠올리게 한다.

한국인으로 경험하는 수많은 식사 중에 어떤 식사를 떠오르게 하는지에 따라 브랜드 콘셉트는 수백 가지로 나눌 수 있다. 그렇게 특정한 메시지를 담은 한식은 우리에게 추억과 공감을 불러일으킨다. 〈빠르크〉와 〈난포한남〉의 한 접시, 한 쟁반으로 떠올리는 엄마의 정성과 할머니의 추억은 익숙한 한식의 다양한 가능성을 보여주는 브랜딩 사례이다.

<빠르크 한남본점> 서울 용산구 이태원로55길 26-5 ―

브랜드 콘셉트 : 깔끔하고 독창적인 맛을 선물하는 엄마의 레시피

브랜드 슬로건 : Korean mother's recipes & more

홈페이지 : https://www.parcseoul.com

인스타그램 : @parcseoul

<난포 한남> 서울 용산구 이태원로49길 18, 1층 ―

브랜드 콘셉트 : 푸르디푸른, 난포의 외할머니가 만들어주신 정성 가득한 밥상

브랜드 메시지 : 그 옛날, 손녀만을 위해 만들어주시던 할머니의 음식들을
많은 손자, 손녀들에게 소개합니다.

인스타그램 : @nanpo_official

브랜드가 철학을 전달하는 방법

AMUSE / 카시나

〈AMUSE〉 한남 쇼룸에 들어서면 〈AMUSE〉의 가치관을 색으로 느낄
수 있다. 색은 고유의 느낌에 따라 사람의 해석과 의사 결정에 영향을 미
친다. 따라서 브랜드는 메시지에 어울리는 색채를 선정하여 효과적으로
사용할 수 있어야 한다.

〈AMUSE〉 쇼룸에서는 브랜드 메시지를 전달하는 색채의 역할을 직접

확인할 수 있다. 〈AMUSE〉는 봄, 설렘과 싱그러움을 연상시키는 연분홍색을 브랜드의 '키 컬러'로 사용한다. 출입문 앞에 놓인 연분홍색 입간판은 방문객에게 기분 좋은 인사를 건넨다. 쇼룸에는 연분홍색을 바탕으로, 짙은 분홍색과 초록색이 포인트로 사용되었다. 각각의 색상이 상징하는 바를 보면, 연분홍은 싱그러운 소녀의 감성을, 짙은 분홍은 활기차고 트렌디함을, 초록은 건강하고 자연 친화적인 메시지를 전달한다. '비건 & 웰니스 뷰티 라이프'를 전하고자 하는 〈AMUSE〉를 잘 나타내고 있는 색상이다.

▲ '비건 뷰티' 철학을 담은 공간, 〈AMUSE〉 한남 쇼룸

〈AMUSE〉는 색상뿐만 아니라 제품 패키지와 공간을 통해서도 브랜드 메시지를 잘 나타내고 있다. 공간 한쪽에 설치된 원형 거울은 마치 인형의 화장대가 연상될 만큼 사랑스럽게 꾸며져 있다. 또한 테이블 위에 가지런히 정렬된 분홍색의 틴트 케이스는 마치 어릴 적 장난감을 연상시킨

다. 보통 화장품은 고급스럽거나 심플하게 디자인되는 경우가 많은데, 〈AMUSE〉의 경우 의도적으로 장난감 같은 디자인을 채택했다. 어린 시절의 싱그러움을 전달하기 위해서다. 특히 쿠션 패키지에 귀여운 스티커를 부착하는 '쿠꾸(쿠션 꾸미기)' 행사가 인상적이었다. 스티커를 붙이며 나만의 소장품에 정성을 쏟는 다꾸(다이어리 꾸미기) 트렌드를 화장품에 반영한 것이다. 화장품 파우치 속 공들여 만든 나만의 쿠션을 발견할 때마다 남다른 애정이 느껴지지 않을까? 그 애정이 브랜드에 긍정적 영향을 미친다는 점을 고려하면 매우 영리한 전략이다. 이러한 〈AMUSE〉 특유의 기분 좋은 감성과 이벤트는 고객이 브랜드 가치에 공감할 수 있도록 이끄는 역할을 한다.

◀ 반투명한 진열대에 가지런히 놓여 있는 〈AMUSE〉의 제품들. 분홍색 테이블 위에 꽃과 함께 옹기종기 진열되어 있는 모습이 사랑스럽다.

브랜드를 구성하고 있는 요소는 브랜드 네임, 슬로건, 키 컬러와 캠페인까지 다양하다. 모두 같은 브랜드에서 만들었다면 당연히 같은 메시지를 전달한다고 생각할 수 있다. 하지만 실제로는 브랜드의 요소와 활동이 하나의 맥으로 일치하지 않는 경우가 비일비재하다. 그에 비해 〈AMUSE〉는 '지속 가능한 가치 소비를 위한 비건과 웰니스'라는 브랜드 가치관을 다양한 브랜드 요소마다 하나의 메시지를 담아 전달하고 있다. 게다가 브랜드 메시지를 벽면에 가득 써놓는 대신에 색과 네이밍, 행사를 통해 전달하고 있다. 설명 한 줄 읽지 않아도 쇼룸을 체험하며 〈AMUSE〉의 비건주의 철학과 기분 좋은 싱그러움을 경험할 수 있다.

국내 1세대 스트리트 편집숍 〈카시나〉는 스케이트보드를 즐기는 대표를 중심으로 서브컬처 문화를 이어온 곳이다. 브랜드가 처음 탄생한 부산에서부터 서울 압구정 로데오를 거쳐 현재는 한남, 성수 등 10여 개 매장이 있다.

〈카시나〉는 자신의 주무대인 서브컬처에서 오랜 시간 진정성을 증명해온 브랜드이다. 대중화되지 못했던 스케이트와 스트리트웨어 브랜드를 소개하고, 그에 맞는 한정판 신발을 꾸준히 출시해 왔다. 〈카시나〉가 출시하는 한정판 제품을 구매하기 위해 며칠간 매장을 둘러싼 긴 줄이 형성되어 경찰까지 출동하는 해프닝도 있었다. 지금까지도 빠르게 트렌드를 읽고 고객에게 소개하는 것이 〈카시나〉의 브랜드 가치다. 브랜드의 오랜 진정성은 〈아디다스〉와 〈나이키〉 등 메가 브랜드 협업까지 이뤄냈다.

▲ 1984년 조던 에어쉽을 소개하는 듯한 카시나 수퍼. 포스터에는 '나이키를 신어야 하는 이유'라고 쓰인 문구와 함께 '에어–쉽'의 사진이 담겨 있다. 매장 내부에는 다른 생활용품과 섞여 자연스럽게 자리하고 있다.

방문했을 당시에는 레트로 감성을 담은 '카시나 수퍼' 부스를 세워 이벤트를 진행하고 있었다. 부스는 옛 슈퍼마켓에서 볼 수 있었던 다양한 집기와 상품들로 꾸며져 있었다. 외부에는 장판이 깔린 평상부터 때 탄 아이스크림 냉장고, 내부에는 옛날 껌과 사탕, 생활용품 등을 비치해 두었다. 재밌게도 추억 속 옛 제품들 사이에 '조던 에어쉽'이 자연스럽게 비치되어 있었다. 콘셉트가 조던 에어쉽이 처음 소개되었던 그 시절의 가상 팝업이었기 때문이다. 〈카시나〉는 그 시절 자신들의 홍보 방법을 상상하며 공간을 재현해 냈다. 부스와 홍보 포스터 안에 숨은 조던 에어쉽을 찾는 재미가 있는 흥미로운 이벤트였다.

〈카시나〉가 고객에게 자신들의 가치를 알리는 방법은 단순히 편집숍을 넘어 고객에게 콘텐츠의 즐거움을 주는 것이다. 한정판을 판매하고, 컬래버 제품을 출시하는 것에서 더 나아가 기존 상품의 가치를 발견하고 제안한다. 〈카시나〉가 창조한 조던 에어쉽의 스토리, '카시나 수퍼'를 통해서 사람들은 제품뿐만 아니라 그것을 표현하는 브랜드의 능력을 경험할 수 있다.

〈AMUSE〉와 〈카시나〉를 통해 브랜드가 색과 이벤트를 통해 자신을 표현하는 방법을 살펴보았다. 브랜드는 고객에게 자신을 설명하기보다 느껴지도록 해야 한다. 그래야 고객이 좀 더 거부감 없이 브랜드를 경험하고 이해할 수 있기 때문이다. 고객은 우리에게 배우고 싶은 게 아니라 우리를 통해 즐기고 싶다는 것을 잊지 말자.

<AMUSE 한남 쇼룸> 서울 용산구 이태원로55가길 49, 3층 —
브랜드 콘셉트 : AMUSE만의 기분 좋은 컬러 바이브가 우리의 '일상'으로 확장되는 새로운 라이프스타일 공간
브랜드 철학 : 행복하게 태어난 제품만이 우리의 삶을 즐겁게 할 수 있다.
홈페이지 : https://amusemakeup.com
인스타그램 : @amuse

<카시나 한남점> 서울 용산구 이태원로 266 —
브랜드 콘셉트 : 대한민국 대표 스트리트 패션 편집숍
인스타그램 : @kasina_official
유튜브 : www.youtube.com/@Kasina_official
온라인 판매몰 : https://www.kasina.co.kr

타깃의 숨겨진 니즈 발견하기

콘하스 / 킨키로봇

마당에 위치한 수영장이 인상적인 〈콘하스〉는 주택을 개조한 카페이다. 비주얼이 남다른 〈콘하스〉의 음료를 들고 카페에서 제공하는 돗자리에 앉아 수영장을 바라보고 있으면 마치 피서지에 온 기분이 든다. 나무 그늘 사이로 햇빛을 받다, 더우면 바지를 걷어붙이고 수영장에 발을 담가 본다. 보랏빛 음료를 들고 한껏 들뜬 기분을 담아 사진을 실컷 찍다보면 시간 가는 줄을 모른다. 수영장 하나로 이렇게나 들뜨고 신나는 시간을 보낼 수 있다는 것이 신기하다. 문득, 언제 이런 시간을 보냈었는지 생각에 잠기게 된다.

◀ 푸른 여름을 떠오르게 하는 〈콘하스〉 간판

어른이 되어버린 우리들은 수영장을 즐기기 위해 긴 과정이 필요하다. 수영복을 고르고, 다이어트를 하고, 무너지지 않는 화장을 준비한다. 수영장에 가서도, 뛰어들기 전에 인생 사진을 남기는 게 먼저다. 우리는 수영장 하나에도 너무 많은 것에 얽매여 단순한 즐거움을 놓치고 있다. 우리도 아이들처럼 자유롭게 뛰어놀고 싶은 마음이 있지만 그러지 못한다.

〈콘하스〉의 수영장은 어른들도 쉽게 다가가고, 즐길 수 있게 했다는 점에서 아이디어가 기발하다. 고려할 게 너무 많은 어른에게 아주 가볍게 발을 담가보라고 제안한다. 가볍게 아이처럼 마음껏 첨벙거리며 놀 수 있는 공간이다.

▲ 쉽게 들어가기 좋은 얕은 수심의 수영장

▲ 스트라이프 돗자리와 예쁜 음료로 완성하는 피서 분위기

서교동의 한 컨테이너 건물에서 시작한 〈콘하스〉는 커피에 대한 열정으로 시작했다. 오래된 주택을 리모델링하며 합정점으로 이전하였고, 처음 수영장을 갖춘 연희점을 오픈하면서 2020년에는 합정점을 한남동으로 이전해 왔다. 스페셜티 커피가 대중적으로 보편화되기 이전부터 제대로 마시는 커피를 제공하며 성장해 온 〈콘하스〉가 이제는 커피를 넘어서 여름의 더위를 씻어 주고 추억을 쌓을 수 있는 공간으로 확장되었다. 삶에 휴식을 준다는 개념은 커피 한잔이나 수영장이나 동일하기 때문인지, 〈콘하스〉의 변천사에서도 브랜드의 결이 하나의 맥락으로 느껴진다.

〈킨키로봇〉은 대표적인 국내 아트토이 전문 브랜드이다. 아티스트나 브랜드와의 컬래버레이션을 중심으로 많은 사람이 좋아하는 아트토이를 소개하고 있다. 2007년 강남에서 시작하여 현재 한남까지 2개의 매장이 있다. 이곳은 성인이지만 마음은 아이가 되고 싶은 키덜트(아이를 뜻하는 Kids와 성인을 뜻하는 Adult의 합성어)를 위한 장난감 천국이다.

한남동에 위치한 〈킨키로봇〉 매장에는 벽면을 가득 채우고 있는 '베어브릭'이 매우 인상적이다. 가지런히 배열된 각양각색의 베어브릭은 마치 전시장을 방불케 하는 디스플레이로 방문객의 시선을 사로잡는다. 크기가 다양할 뿐만 아니라, 소재도 투명, 유광, 무광과 벨벳까지 가지각색이다. 아티스트와 브랜드 컬래버레이션을 한 베어브릭, 유명 캐릭터의 모습을 한 베어브릭 등 하나하나가 개성 넘친다. 베어브릭 외에도 어린 시절 좋아하던 캐릭터의 미니어처가 많아 반가운 마음을 감출 수가 없다. 하지만 반가운 마음으로 쉽게 구매하기는 어려운 고가의 상품들이다. 종류에 따라 몇 십만 원부터 천만 원을 호가하는 제품도 많다.

▲ 각양각색의 외형을 가진 베어브릭. 수집 욕구를 불러일으킨다.

아트토이는 단순히 장난감만의 가치를 지니지 않는다. 1990년대 홍콩의 예술가들이 생활고 문제로 공장형 인형, '퀴(Qee)'에 작품을 담아 판매한 것이 아트토이의 유래이다. 예술성과 희소성을 중심으로, 일본의 '베어브릭', '큐브릭'과 미국의 '더니'와 '어글리돌' 등의 아트토이도 연달아 히트치며 빠르게 시장이 성장했다. 나의 취향에 따라 즐길 수 있는 예술의 소유 그리고 SNS를 통한 공유 문화가 이 시장을 더욱 확장시켰다. 〈킨키로봇〉은 이런 시대적인 흐름에 앞서 국내 아트토이 시장을 이끌었다.

장난감은 상상력을 불러일으키는 도구이다. 어릴 적 우리는 장난감을 가지고 새로운 세계를 창조하며 상상의 나래를 펼쳤다. 어른이 된 키덜트는 아티스트가 창조한 새로운 세계를 구매함으로써 세계의 창조와 확장을 대체했다. 그것이 어른들의 장난감이 갖는 의미와 즐거움이다. 〈킨키로봇〉은 상상력을 잃어버린 어른들에게 소유를 통해 추억과 즐거움을 전달하고 있다. 언젠가 〈킨키로봇〉이 어른에게도 소유를 넘어 창조의 세계로 확장을 이루어 주는 날이 오길 바란다.

▲ 어린 시절을 함께한 '스펀지밥', '톰과 제리'. 만화 속 세계관에 빠져 마음껏 뛰놀던 어린 시절과 달리, 이제는 추억 속 캐릭터를 소유함으로써 즐거움을 느낀다.

<콘하스 한남점> 서울 용산구 이태원로55나길 22 —

브랜드 콘셉트 : 커피와 공간으로 즐거움과 문화를 만들어 가는 곳

브랜드 메시지 : 고정관념에서 벗어나 재미있고 새로운 문화를 만들어 갑니다.

인스타그램 : @conhascoffee_co.ltd

<킨키로봇 한남점> 서울 용산구 이태원로54길 16-3 —

브랜드 콘셉트 : 다양한 아트토이를 엄선하여 손쉽게 소장하고 즐길 수 있도록 제공하는 아트토이 전문 브랜드

브랜드 철학 : Art, Toy, Life style

홈페이지 : https://www.561.co.kr/brand/main/KK

인스타그램 : @kinkirobot

>>> 3 <<<
한남에서 돌아오며

글을 마치며

　한남동은 그 어느 곳보다 다양한 인종이 자연스럽게 어울리는 지역이다. 혼자서 조깅하고, 애완견과 함께 여유롭게 산책을 즐기고, 직장 동료 혹은 친구와 시간을 보낼 수 있는 곳이 한남동이다. 모든 사람이 어떤 분주함도 없이 한남동의 공기를 깊이 들이마시고 있는 이곳의 분위기는 여유롭고 평온하다.

　한남동에 위치한 매장들은 하나같이 그냥 지나칠 수 없는 깊이와 메시지를 담고 있다. 여유로운 분위기를 그대로 담아 깊이를 더하는 브랜드와 뚜렷한 색과 메시지로 자신만의 콘셉트를 제안하는 다양한 브랜드가 존재한다. 이런 한남동의 다채로운 매력을 직접 경험해 보길 추천한다. 모르면 느낄 수 없는 지역과 브랜드의 자기다움을 발견하는 재미를 즐길 수 있을 것이다.

브랜딩 초보자를 위한 브랜드 산책노트

비하인드 인터뷰
그래서 브랜드가 뭔데?

한 번쯤 어떤 것에 몰입하다 보면 그에 대한 정의나 개념을 잊어버린 경험이 있을 것이다. 익숙한 말인데도 어색해지고 뜻과 소리가 분리된 듯한 느낌, 브랜드 초보 April(프릴)도 이 느낌에 빠져 버렸다. 브랜드, 브래ㄴ드, ㅂ_래ㄴ드, ㅂ_ㄹㅐㄴㄷ_···. 브랜드를 계속 방문하다 보니, 어느 순간 '브랜드가 뭐지? 이건 브랜드가 맞나? 콘셉트를 잘 보여주는 브랜드가 브랜드인가?'라는 생각에 빠져든 것이다. 이 혼란을 막기 위해서는 '브랜드'에 대한 정의가 먼저 필요하다.

브랜드 초보 April(프릴)이 브랜드 전문가 Aileen(에일린)과 하는 인터뷰.

한남동 방문을 바탕으로, 브랜드란 무엇인지부터 브랜드가 소비자에게 콘셉트를 전하는 방식에 대해 논한다.

브랜드가 뭐죠?

April. 계속 얘기하다 보니 정작 '브랜드'가 무엇인지 흐려지는 기분이에요. 한남동은 항상 사람이 넘칠 만큼 눈에 띄는 매장이 정말 많은데, 그 매장들이 전부 브랜드인 건지, 매장이 없는 브랜드는 무엇인지···. 너무 헷갈려요. 에일린이 생각하는 브랜드란 무엇인가요?

Aileen. 브랜드의 기본은 '브랜드가 정체성을 가지고 있는가?'예요. 다시 말하면 '자기다움'이 있는가. '무슨 브랜드!'라고 했을 때 일관되게 연상되는 무언가가 있다면 저는 브랜드로 봐요. 예를 들어서 프릴은 〈나이키〉 하면 뭐가 생각나요?

April. 〈나이키〉 로고, 스포츠, 조던. 이런 게 생각나요!

Aileen. 프릴뿐만 아니라 다른 사람들이 〈나이키〉를 생각할 때도 비슷할 거예요. 〈나이키〉가 항상 같은 이미지, 메시지를 전한다는 것이죠.

▲ 〈나이키〉의 로고와 슬로건. 브랜드 상징만 보아도 브랜드 〈나이키〉를 떠올릴 수 있다.

April. 브랜드의 기본에 대해서는 이해가 된 것 같아요. 그럼, 브랜드가 같은 메시지를 보여주려고 노력하면 소비자에게 인식시킬 수 있는 거예요?

Aileen. 일관된 메시지를 고객이 느낄 수 있게 전달하고 있다면, 맞는 말이에요. 하지만 브랜드가 **일관된 메시지를 지속해서 전한다는 것**이 쉽지 않아요. 시대는 계속해서 변하고, 소비자의 취향도 변하니까 그때마다 브랜드는 매번 새로운 메시지를 창조하게 되죠.

그리고 같은 메시지를 전하고 싶어도 방식에 따라서 왜곡될 수도, 아예 전달되지 않을 수도 있어요. 그러다 보니 브랜드가 일관된 메시지를 유지하는 것은 매우 어렵고 중요한 과제에요. 브랜드라면 고객에게 텍스트에 갇히지 않은 일관된 맥락의 메시지가 전달되고 있는지 지속해서 점검해야 해요.

진정성도 중요해요. 브랜드 활동은 다양한데, 그 모든 지점에서 동일한 이미지를 전달하기 위해서는 결국 브랜드의 진정성이 중심점이 되거든요.

브랜드로 느껴지게 하는 기본

April. 이번엔 주제를 조금 바꿔서 저희가 다녀온 한남동 브랜드에 관한 얘기를 해 볼까요.

우선, 제가 한남동에서 가장 좋았던 곳은 〈콘하스〉였어요. 브랜딩이란 '굳이 왜 여기를 가야 해?'에 대해서 '여기는 이런 곳이니까'라는 해답을 제시해 주는 것이라고 생각하거든요. 〈콘하스〉는 마당에 있는 수영장을 보고 사람들이 좋아하니까 브랜드라고 생각했는데, 에일린은 어떻게 생각하시나요?

Aileen. 저도 〈콘하스〉가 브랜드로 느껴져요. 다만, 단지 사람들이 좋아하기 때문이어서는 아니에요. 아직 '브랜드'에 대한 개념이 다 잡히지 않아서 한 질문 같으니 조금만 더 설명을 해 보도록 할게요. 앞에서 말했다시피 브랜드의 기본은 브랜드 정체성이죠. 특정 브랜드를 상상했을 때, 브랜드의 말투와 생김새, 브랜드가 가진 자산이나 활동, 제공하는 메시지가 일치하고 있는가예요. 우리가 봤을 때 〈콘하스〉는 딱 연상되는 이미지가 있었죠. '어른들의 여름휴가'. 그와 관련해 자연스럽게 존재하는 휴가 장소인 '수영장'. 어른들의 휴가에 어울리는 '알코올 음료'도 있었고, 음료의 비주얼도 매우 고급스러워요. 휴양지 음료처럼요. 또, 제공되는 블랭킷은 얼마나 예쁜지, 정말 감성 있는 휴가를 온 것 같았어요. 심지어 메뉴 소개에 사용된 사진이나 폰트도 감성에 맞춰 꽤 고급스러웠어요. 우리가 방문하지 않은 〈콘하스 연남점〉에도 수영장이 있다는데, 아마 구현된 콘셉트도 다르지 않을 것 같아요. 그만큼 소비자에게 일관된 무언가가 동일하게 연상되기 때문에 브랜드로 볼 수 있죠.

▲ 여름휴가가 연상되는 〈콘하스〉의 수영장

소비자가 브랜드를 느끼는 공간: 온라인과 오프라인

April. 에일린이 〈치즈플로〉에 대해 쓰신 글 중 "낯선 요리를 먹다 보면 메뉴에 대한 궁금증이 생기기 마련인데, 설명이 없어 아쉬움이 남는다."라는 내용을 보았어요. 혹시 메뉴에 스토리가 없다면, '브랜드'가 아닌 건가요?

Aileen. 꼭 스토리가 있어야지만 브랜드가 되는 건 아니에요. 제가 말한 건 '이렇게 하면 더 좋겠다.'일 뿐, 부족하다는 뜻은 아니에요. 오히려 〈치즈플로〉의 온라인 활동이 훌륭하기에 오프라인에서도 더 강조되었으면 하는 생각이 들었어요. 온라인과 오프라인에서의 고객 경험이 상호 보완적이라면 브랜드의 메시지가 명확해지니까요.

April. 온라인과 오프라인 경험이 상호 보완적으로 연결될 수 있군요!

실제로 어떻게 연결되는지 궁금해요.

Aileen. 온라인에 소비자는 시공간에 구애받지 않고 브랜드에 접근할 수 있어요. 보통 브랜드는 신제품 출시, 이벤트 예고 등을 하며 소비자의 기대감을 끌어모으거나, 매장에서 보여주기 어려운 브랜드의 비하인드 스토리를 소개해서 소비자가 친밀감을 느끼게 하죠. 별다른 소식을 올리지 않더라도 톤에 맞는 게시물을 올려 브랜드 정체성을 강화하기도 하고요. 〈치즈플로〉는 온라인으로 소비자와 잘 소통하는 브랜드 중 하나예요. 블로그와 인스타그램 게시물을 자주 올리는 편이라 최근에 매장에서 무슨 이벤트가 있었는지 알기 쉬워요. 최근 진행한 '치즈를 사랑하는 사람들의 모임(치사모)', '플로마켓'에 대한 내용은 아주 상세히 소개되어 있어서 보기만 해도 브랜드와 가까워진 기분, 친해진 기분이 들더라고요.

오프라인 매장에서는 브랜드의 정체성과 콘셉트를 오감으로 경험할 수 있다는 점에서 중요해요. 온라인에서 보이는 〈치즈플로〉는 '고객과 함께하는 치즈 전문점'의 정체성이지만 오프라인에서는 단순한 '치즈 전문점'으로만 보이는 것이 개인적으로 아쉬웠어요. 모든 메뉴에 치즈가 사용되고, 직접 만든 치즈를 판매하고, 셰프님의 치즈 전문 서적까지 있는 걸 보면 치즈에 얼마나 진심인지 확실히 알겠지만, 커뮤니티적인 요소는 확인하기 어려워요. 커뮤니티 홍보나 소식이 게시되어 있다거나 스토리가 안내되었다면 온 · 오프라인이 서로 보완될 수 있었을 것 같아 아쉽다고 이야기한 거예요.

▲ 매장의 소식이 활발히 공유되는 〈치즈플로〉의 인스타그램
(출처 : 〈치즈플로〉 인스타그램, @cheeseflo)

브랜드가 명품이 되는 과정: 소비자 인식에 관하여

April. 마지막은 〈아스티에 드 빌라트〉입니다. 매장 외관부터 내부 인테리어까지 꼭 파리에 온 것 같았어요. 진열장에 전시되어 있던 접시도 고풍스러우면서 고급스러워서 기억에 남아요. 그래서 '여기는 분명히 역사 있는 브랜드 일거야.'라고 생각했는데, 제 예상만큼 오래되지는 않았더라고요. 1996년에 만들어져서 이제 27년 된 브랜드라고 해요. 그런데도 사람들이 명품 도자기 브랜드, 명품 그릇 브랜드라고 인

식하는 게 신기해요.

Aileen. 〈아스티에 드 빌라트〉가 다른 명품 그릇 브랜드보다 역사가 짧긴 하죠. 영국 명품 자기 브랜드인 〈웨지우드〉는 약 260년, 덴마크 왕실 도자기 브랜드인 〈로얄 코펜하겐〉은 약 250년 되었으니까요. 그럼에도 명품으로 인식되고 있다는 건 〈아스티에 드 빌라트〉가 그만큼 럭셔리 브랜드로 브랜딩을 잘했다는 거겠죠.

명품 브랜드가 되기 위한 요소는 최상급 품질, 한정적인 생산과 판매 등 여러 가지지만, 그중에서도 〈에르메스〉와 같은 '장인 정신'과 돈이 있어도 쉽게 살 수 없다는 '희소성'도 명품 브랜드의 명성을 높이는 역할을 해요. 〈아스티에 드 빌라트〉는 장인 정신으로 가치를 만들어 가고 있어요. 장인들이 굉장히 복잡한 과정을 거쳐 손수 만들고, 한 작품을 처음부터 끝까지 도맡아 제작해요. 그러다 보니 한 그릇을 제작하는 데 15일이 걸린다고 해요. 브랜드는 유명해졌는데 제작 기간이 길다 보니 자연스레 희소성이 생기고요.

April. 확실히 명품 하면 연상되는 요소들이 〈아스티에 드 빌라트〉에 있는 것 같아요. 그래도 다른 명품 브랜드들에 비해 역사가 짧은 건 맞지 않나요?

Aileen. 사실 27년이 짧은 역사는 아니에요. 〈조르지오 아르마니〉도 1975년에 설립되었는데, 약 20년 이후인 1990년대부터 국내에서 '명품 브랜드'로 불렸어요. 명품 브랜드가 대부분 역사가 오래되었다 보니 긴 세월이 지나야만 명품이 된다고 오해하는 경우가 있지만, 사실은 세월이 포인트가 아니에요. 브랜드가 소비자에게 명품의 가치를 지속해서 제공하고 인식시켰느냐가 중요한 거죠.

이제 〈아스티에 드 빌라트〉가 프랑스 명품 그릇 브랜드로 인식되는 이유를 알겠나요? 가치 있는 브랜드가 되기 위해서는 '정체성', '일관성', '소비자 인식'이 중요해요.

◀ 명품 브랜드로 불리는 〈아스티에 드 빌라트〉의 세라믹. 창립자이자 디자이너인 이반 페리콜리와 베누아 아스티에 드 빌라트가 직접 디자인하고 장인이 손수 제작한다. 같은 디자인이라도 조금씩 차이가 있다는 점이 매력 있는 지점이다.

브랜드 초보 April의 후기

역시 그동안 브랜드를 돌아다니면서도 갈피가 잡히지 않았던 이유는 브랜드에 대한 정의가 분명하지 않기 때문이었어요. 정체성이 있으면 브랜드! 명확하게 브랜드다 아니다로 구분 짓는 선을 긋기에는 아직 어렵지만, 어떤 매장을 볼 때 정체성에 대해 생각하게 될 것 같아요.

그리고 원래는 얼마나 화려하게 마케팅하고 얼마나 오래전에 설립되었는지가 브랜드 가치를 만든다고 생각했어요. 하지만 비교적 역사가 짧더라도 소비자가 어떻게 인식하느냐에 따라 명품도 될 수 있다는 점이 매우 신기했어요. 이 책을 읽고 계신 여러분도 브랜드 지식을 재미있게 즐길 수 있길 바라며, 첫 번째 비하인드 인터뷰를 마칩니다.

April이 뽑은 한남동의 브랜딩 비밀!

1. 지역 이미지와 브랜드 이미지가 어우러질 때 브랜드 콘셉트가 강조된다.
2. 오랜 시간 동안 지속되는 '자기다움'으로 브랜드가 될 수 있다.
3. 브랜드는 설명하기보다 느껴지게 만들어야 한다.

브랜딩 초보자를 위한 브랜드 산책노트

2장 >>>

콘셉트로 떠나는 세계여행,
용산동 용리단길

용산동은 현대적인 변화와 전통이 공존하는 것이 특징이다. 오래전 미군 기지가 들어서면서 외국 문화가 발달했고, 자연스럽게 전 세계 나라를 콘셉트로 한 매장이 많이 자리 잡게 되었다. 역사를 지닌 지역이지만, 젊은 사람들로 붐비기 시작한 건 비교적 최근이다.

상권이 활성화된 것은 아모레퍼시픽 신사옥과 BTS 소속사인 하이브가 이전하면서부터이다. 한적했던 골목들이 회사원들로 붐비기 시작했고, 삼각지역과 신용산역 사이의 골목이 '용리단길'이라는 이름으로 형성되었다. 젊은 대표들을 중심으로 개성 넘치는 브랜드가 많아 SNS를 통한 소문이 빠르게 퍼져나갔고, 이제는 주말은 물론 평일까지 방문객으로 붐비는 지역이 되었다.

문화적 다양성을 가진 용산이 이색적인 브랜드와 함께 새로운 이미지로 변하고 있다. 지역에 활기를 불어넣는 용리단길의 핫플레이스를 방문하며 발견한 브랜딩 비법들을 소개한다.

>>> 1 <<<
추억을 부르는 이국적인 브랜딩

용산은 대로변 외에는 높은 건물이 많이 없다. 대부분 1층, 최대 4층 정도의 건물로 이루어져 어디서든 하늘을 보기 좋은 동네이다. 이색적인 매장들이 줄지은 골목을 따라 돌아다니다 보면 파란 하늘과 함께 외국어 간판이 눈에 들어온다. 이곳은 놀랍게도 한국인이 읽기 힘든 한자, 일본어, 스페인어로 쓰인 상호 간판이 많다. 오히려 한글로 된 간판을 찾기 어려울 정도이다. 거리를 걷다 보면 여기가 한국이라는 것이 이상할 정도로 이국적인 매장이 많은 동네이다.

이국적인 콘셉트는 새로운 경험을 제공할 뿐만 아니라, 추억을 회상하게 하는 힘이 있다. 여행을 떠났던 설렘, 타지에서 겪었던 새로운 경험을 떠올리게 한다. 브랜드 콘셉트가 현지와 비슷할수록 회상의 깊이도 진해진다. 그런 점에서 용리단길에 존재하는 브랜드는 추억을 불러일으키는 힘을 가지고 있다.

▲ 건물이 낮고 외국어 간판이 많은 용산의 매장들

같은 콘셉트, 다른 메시지

야키토리 쿠이신보 / 키보

좁은 골목을 돌아야 찾을 수 있는 〈야키토리 쿠이신보〉는 옛집을 개조하여 출입구가 대로변이 아닌 주택가 안쪽에 위치해 있다. 그럼에도 아주 작은 일본어 간판만 달고 있어 자칫하면 매장을 놓치기 쉽다. 불편한 첫인상에도 불구하고, 매장 안으로 들어서는 순간 맞이하는 풍경은 불만을 모두 잊게 해 줄 만큼 이색적이다.

◀ 일본의 이자카야 느낌이 물씬 나는 내부

〈야키토리 쿠이신보〉 매장은 사방이 막혀 있지만, 노상에 앉은 듯 시원한 전망을 선사한다. 이전에는 마당이었을 부분을 지붕으로 막지 않아 하늘이 잘 보이도록 했기 때문이다. 일본식 제등과 천막, 크기가 작은 스탠딩 테이블과 벽면 가득한 일본 주류 패키지는 일본의 이자카야를 옮겨 놓은 듯 닮아 있다. 가장 인상적인 부분은 브랜드를 운영하는 사람인데, 일식 헤어밴드를 착용한 젊은 종업원이 어색한 한국말로 주문을 받는다. 한국인데도 일본어로 주문해야 할 것 같은 매우 독특한 경험이다.

주문한 요리는 일본의 이자카야 메뉴와 동일한 비주얼로 서빙된다. 아주 작고 정성스럽게 조리된 요리이다. 일본 대중음악을 들으며 부드럽게 익은 꼬치와 산토리 하이볼을 한잔 기울여 보길 추천한다. 소박하고 소소한 일본의 감성을 물씬 느낄 수 있다. 어느 것 하나 한국이라고 느낄 수 없도록 세심하게 꾸며진 공간은 일본 여행의 추억을 떠올리게 한다.

▲ 절반은 천장이 열려 있어 개방적인 뷰

▲ 염통 꼬치와 산토리 하이볼, 일본식 기본 안주 조합

반면, 〈키보〉는 간판이 없어도 매장을 수월하게 찾을 수 있다. 매장이 도로 가까이 있을 뿐만 아니라 전면이 모두 오픈되어 있기 때문이다. 〈키보〉의 콘셉트는 '식사 전후에 가볍게 즐기는 일본식 노포'이다. 공식 인스타그램에는 '약속 전, 혹은 진하게 마신 술도 왠지 아쉬운 날에는 망설임 없이 키보의 문을 열어젖혀주세요.'라는 메시지로 브랜드를 소개한다. 좌석이 따로 없고 스탠딩 테이블만 있는 작은 매장이지만 혼잡함보다는 친근하고 활기찬 분위기를 풍긴다. 가볍게 먹을 수 있지만 알찬 안주 또한 콘셉트에 매력을 더한다.

〈키보〉의 작은 매장 안에는 일본 분위기를 풍기는 소품이 빈틈없이 비치되어 있다. 스티커 사진과 즉석 사진, 일본 잡지 화보와 포스터 등이 매장 전체에 가득하다. 흥미로운 점은, 콘셉트가 매우 강력한 까닭에 그 속에 적혀 있는 한글조차 일본어처럼 보인다는 것이다. 일본식 노포에서 기울이는 한두 잔의 맥주로 피어나는 추억은 〈키보〉가 전달하는 가치이자 메시지이다.

▲ 스탠딩으로 이루어진 〈키보〉 매장　　　▲ 한국어마저 일본어 같아 보이는 포스터

　　같은 일본 콘셉트를 가지고 있어도 두 매장은 각자 조금 다른 방식을 취하고 있어 흥미롭다. 〈야키토리 쿠이신보〉는 인테리어와 메뉴, 의상과 직원의 응대까지 일본 매장을 그대로 재현한다. 반면 〈키보〉는 일본의 특징적인 요소를 재해석하여 이곳만의 특별한 감성을 전달한다. 비슷한 듯, 다른 두 브랜드에서 서로 다른 추억을 회상하고 즐길 수 있다는 점이 매력적이다. 〈야키토리 쿠이신보〉에서는 일본에서의 추억을 떠올리며 감성에 젖는 시간을 보내고, 〈키보〉에서는 새로운 경험과 추억을 쌓는 브랜드 경험을 해 보길 추천한다.

〈야키토리 쿠이신보 삼각지점〉
서울 용산구 한강대로52길 29-6, 1층 —
브랜드 콘셉트 : 일본의 이자카야

<키보 용산점> 서울 용산구 한강대로50길 17 —
브랜드 콘셉트 : 퇴근 후 가볍게 즐기는 한잔, 일본식 스탠딩 바
인스타그램 : @keebo.co

뻔한 콘셉트에 더하는 한 끗 다름

효뜨 / 꺼거

핫플레이스인 용리단길 매장은 입장 대기를 피하기가 어려운데, 그중에서도 대기 시간이 긴 매장 중 하나가 <효뜨>이다. 주변 매장에 비해 꽤 큰 규모를 가지고 있음에도 항상 고객으로 붐빈다. <효뜨>는 입구에서부터 큰 나무와 파라솔, 노란 어닝으로 베트남 분위기를 물씬 풍긴다. 식사가 나올 때까지 매장에서 보고, 느끼고, 만지는 모든 것이 베트남 현지를 떠올리게 하는 요소로 가득 차 있다. 벽에 걸린, 오래된 베트남 포스터와 빨간 조명은 콘셉트를 나타내는 기본 바탕이 된다. 플라스틱 테이블 위에 올려진 원색의 화려한 패턴 접시와 노란색 메뉴판은 베트남에서 경험했던 그대로이다. 무엇보다 메뉴판이 인상적인데, 베트남어가 한국어보다 더 크고 굵직하게 쓰여 있다. 마치 베트남 현지에서 한국인 관광객을 배려하여 만들어진 메뉴판 같다. 에어컨 바람이 나오지 않는 테라스는 그야말로 베트남 현지를 200%로 담은 공간이다.

▲ 오픈 전에만 볼 수 있는 한가한 〈효뜨〉의 모습. 유명 영화에서 베트남을 배경으로 한 장면의 촬영지로 쓰일 만큼 베트남스럽다.

▲ 베트남 전통 모자인 '논라'를 활용한 인테리어. 화려한 무늬의 접시를 받침대 삼아 인센스가 타고 있다.

다소 의외인 건 지독하게도 베트남다운 모든 요소 중, 가장 핵심인 음식은 오히려 현지와 거리가 있다는 것이다. 한국인 입맛에 잘 맞는 얼큰한 쌀국수 '분하이산', 토마토를 넣어 달콤한 '냉분짜', 각양각색으로 튀긴 '짜조'는 베트남 음식을 새롭게 해석한 메뉴이다. 이런 시도는 식상할 수 있는 현지화 콘셉트에 차별화를 주어 브랜드에 신선함을 부여한다.

〈효뜨〉는 한국에서 이미 보편화된 베트남 식당에 의문을 제기하며, '가장 베트남스러운 매장에서 즐기는 새로운 베트남 요리'로 브랜드를 차별화시켰다.

이런 부분이 바로 지금 시대가 원하는 차별화 방법이다. 놓치고 있는 것은 잡아서 진정성 있게, 당연하다고 생각하는 것은 더욱 새롭게 하는 능력이다. 〈효뜨〉의 인기가 식을 줄 모르는 이유는 진정성 있는 현지화 콘셉트와 어느 곳에서도 맛보지 못했던 새로운 메뉴의 합이다.

〈효뜨〉가 용리단길의 베트남이라면 〈꺼거〉는 대표적인 용리단길의 홍콩이다. 홍콩은 작은 나라이기 때문에 매장이 작고 협소하여 오래된 건물을 인테리어 없이 그대로 사용하는 곳이 많다. 〈꺼거〉는 매장에 이 특징을 잘 반영해 놓았다. 홍콩의 옛 골목 느낌을 살려, 오래된 건물의 느낌이 나도록 시멘트가 드러나게 인테리어를 하였고, 생활감이 물씬 느껴지는 식탁과 의자를 사용했다. 모든 테이블과 의자가 다른 종류인 것도 홍콩의 노상 매장을 떠올리게 하는 부분이다. 중국에서 부를 의미하는 빨간색을 사용한 천막과 소품, 노란 부적 등은 모두 홍콩 느낌을 더해주는 요소이다. 그뿐만 아니라 주문할 메뉴를 종이로 체크하는 것도 홍콩의 매장에서 흔히 볼 수 있는 방식이다.

▲ 홍등과 중국어로 뒤덮여 있어 이 건물만 떼어놓고 보면 한국인지 중국인지 알기 어렵다.

〈꺼거〉의 가장 큰 특징을 고르자면 눈에 띄는 인테리어만큼이나 신경 쓴 메뉴의 조화이다. 중식은 기본적으로 기름을 사용해서 볶는 음식이 많기 때문에 맛이 자극적이고 깊다. 이곳은 한국인에게는 다소 자극적일

수 있는 중식을 무리 없이 먹을 수 있게 특별한 사이드 메뉴와 음료를 제
공한다. 독특한 망고 맥주와 다양한 백주, 코코넛 음료 등 이색적인 음료
는 짠맛을 씻어냄과 동시에 이국적인 느낌까지 끌어낸다. 특히, 베스트
메뉴인 오이무침은 기름진 입맛을 산뜻하게 씻어내는 역할을 한다. 부러
어설프게 꾸민 매장의 모습에서도, 음식 궁합에 집중한 점에서도 〈꺼거〉
의 센스가 돋보인다.

이 두 곳은 모두 각 나라의 특징을 그대로 재현하면서도 메뉴를 통해
새로운 시도나 해석을 더했다는 공통점을 가진다. 완전히 이국적인 콘셉
트에서 겪은 이색적인 경험과 한 끗 다른 센스는 고객 만족도를 높인다.
용리단길의 브랜드가 사람들에게 사랑받는 이유는 이런 브랜드의 섬세
함과 고객을 배려하는 센스이다.

〈효뜨 용산점〉 서울 용산구 한강대로40가길 6 —
브랜드 콘셉트 : 베트남 현지에서 먹는 듯한 쌀국수와 다양한 먹거리
브랜드 슬로건 : 모두가 함께하는 곳
인스타그램 : @hieutu_seoul

〈꺼거 용산점〉 서울 용산구 한강대로48길 10 —
브랜드 콘셉트 : 홍콩 노포 감성을 그대로 느낄 수 있는 홍콩 요리 레스토랑
인스타그램 : @wearegege

추억에서 시작하는 브랜딩

쌤쌤쌤

〈쌤쌤쌤〉은 매장에 방문하여 식사하는 모든 시간에 '미국'과 '정성'이라는 키워드가 떠오르게 한다. 매장 곳곳에 담긴 손 글씨와 손 그림, 기다리는 고객을 배려한 얼음물 서비스는 브랜드의 온기가 느껴지는 부분이다. 더운 여름, 밖에서 땀 흘리며 뛰어노는 옆집 아이에게 시원한 얼음물과 맛있는 간식을 만들어주는 이웃의 마음 같다.

▲ 손 글씨로 적힌 안내판 ▲ 더운 날씨에 대기를 배려한 얼음물 서비스, 기다리는 동안 시간을 보내기 좋은 즉석 사진기

〈쌤쌤쌤〉은 브랜드 대표가 경험했던 샌프란시스코의 이미지와 감성을 기반으로 친근한 미국 가정식을 제공한다. 어닝과 티슈, 식기류에 성조기를 연상시키는 흰색과 빨간색을 통일하여 사용하였다. 토마토소스 캔, 파스타 패키지와 영문 신문 등, 미국 주방에서 볼 수 있는 소품이 매장을

브랜딩 초보자를 위한 브랜드 산책노트

채우고 있다. 물건 하나, 레시피 하나에도 샌프란시스코를 담아낸 정성
과 경험이 드러난다.

온라인 포털에서 제공하는 정보에는 매장이 '양식'으로 분류되어 있지
만, 직접 경험한 〈쌤쌤쌤〉은 단순히 양식 식당으로 보기에는 무언가 맞
지 않는다. 보통 한국에서 양식 하면 떠오르는 파인다이닝식의 식사와는
확연히 다른 감성을 가지고 있기 때문이다. 파인다이닝은 식재료의 맛
하나에 집중하여 세밀하게 계산된 맛을 구현한다. 그에 비해 〈쌤쌤쌤〉의
음식은 미국인 이모가 나를 위해 가장 좋은 재료로 아낌없이 정성껏 만
들어주는 미국 가정식 요리에 가깝다. 정확함보다는 푸짐함, 깔끔함보다
는 정성스러운 터치가 더해진 미국스러운 정이 〈쌤쌤쌤〉이 전달하는 '직
접 경험한 샌프란시스코'의 맛과 매력이다.

▲ 멀리서부터 눈에 띄는 깔끔한 간판의 〈쌤쌤쌤〉 매장

〈쌤쌤쌤〉 매장 곳곳에서 볼 수 있는 'SINCE 2021'은 '샌프란시스코의 정성'을 이어나가겠다는 브랜드의 자신감 있는 약속을 기대하게 한다. 나만의 추억과 이야기를 가지고 브랜딩하는 것은 브랜드에 진정성을 담을 수 있는 좋은 방법이다. 브랜드 전반에 세심한 스토리를 입힐 뿐만 아니라 일관성 있는 모습을 유지할 수 있기 때문이다. 〈쌤쌤쌤〉이 샌프란시스코의 모습을 바탕으로 정성스러운 감성을 더할 수 있는 것도 개인적인 경험을 기반으로 했기 때문이다. 나에게 가장 인상적이었던 경험이 무엇인지 돌아보자. 다른 사람들에게도 전하고 싶었던 나만의 추억으로부터 진정성 있는 브랜드가 탄생할 수 있다.

〈쌤쌤쌤〉 서울 용산구 한강대로50길 25, 1층 —
브랜드 콘셉트 : 미국 샌프란시스코의 정취를 그대로 구현한 가정식 노천 레스토랑
브랜드 슬로건 : Sam said, "enjoy here, think later"
인스타그램 : @samsamsam.kr

>>> 2 <<<
브랜드로 경험하는 유러피언 감성

용산동에는 전 세계 나라를 콘셉트로 한 브랜드가 많은 만큼, 유럽 국가의 정체성을 가진 매장도 많다. 그중에서도 앞으로 소개하는 브랜드는 나라의 특징을 잘 반영하여 브랜딩 요소를 발견하는 것이 매우 즐거웠던 곳이다. 브랜드를 전달하는 방법은 다양하다. 브랜드도 사람처럼 생김새와 말투뿐만 아니라 다양한 활동으로 자기다움을 드러낸다. 누군가는 강렬한 특징이나 이벤트로 인상을 남기기도 하고, 누군가는 온라인 활동을 통해 자기다움을 표현하기도 한다. 또 누군가는 만나는 것만으로도 다른 이들에게 부러움을 주어 인증 사진을 찍게 되는 사람도 있다. 브랜드도 다르지 않다.

이번 편은 다양한 브랜딩 방법이 고객에게 전하는 풍성한 브랜드 경험을 나누고 싶은 마음으로 글을 적었다. 여러분도 콘셉트를 표현하는 브랜드의 세밀한 요소를 발견하는 즐거움을 느끼길 바란다.

온·오프라인을 아우르는 통합 마케팅

브레디포스트

〈브레디포스트〉는 용산점을 본점으로 성수와 더현대 서울에 입점해 있는 '잘나가는 브랜드'이다. 이곳의 메인은 독일을 상징하는 빵, 프레즐 (프레첼)이다. 버터 페퍼, 페페로니, 부추 베이컨 등 다양한 재료와 화려한 토핑이 가득한 각양각색의 프레즐을 제공하고 있다.

〈브레디포스트〉 매장은 갈색과 백색, 나무를 적극적으로 사용하여 목가적인 유럽 느낌을 전달한다. 유럽을 대표하는 요소들을 종합적으로 사용하고 있는데, 독일을 대표하는 프레첼을 주메뉴로, 프랑스 밀가루와 버터를 사용하여 품질이 좋음을 강조한다. 영국 왕실 소금인 'Maldon Salt'를 소품으로 사용했고, 메뉴명도 영국식 표기인 '프레즐'로 사용한다.

▲ 우드를 사용하여 유럽의 목가적인 느낌이 풍기는 〈브레디포스트〉 내부

▲ 각양각색으로 화려한 프레즐

〈브레디포스트〉 매장 내부는 나무 박스, 책, 전화기 등 유럽을 떠올릴 수

있는 소품으로 섬세하게 구성되었다. 그리고 브랜드의 핵심인 프레즐을 모형으로 제작해 벽면에 화려하게 진열하여 시그니처 요소로 사용했다.

홈페이지와 인스타 계정을 통해 전달하는 브랜드 이미지 또한 오프라인 매장과 동일하다. '나무색', '프레즐', '유럽'이 연상되도록 갈색과 외국인 모델, 제품을 사용하여 스토리를 구성하고 이미지화했다. 사진과 영상을 아우르는 콘텐츠는 고퀄리티로 제작되어 브랜드의 전문성을 느끼게 한다.

〈브레디포스트〉가 제공하는 음식은 맛있고, 매장의 인테리어도 매우 감성적이다. 하지만 무엇보다 브랜드의 가장 큰 성공 비결은 통일된 이미지로 온라인과 오프라인을 운영하는 능력이다. 〈브래디포스트〉는 고객과 만나는 모든 접점에서 일관성 있는 브랜드 이미지를 형성하고 있다 (이를 '통합마케팅, Integrated Marketing Communication'이라 한다). 그 덕에 매장을 방문했거나 인스타를 통해 브랜드를 경험한 고객은 모두 동일하게 '유럽풍의 프레즐 브랜드'를 떠올린다.

브랜드의 일관성은 고객이 브랜드 이미지를 명확하게 인식하고, 오래 기억하게 만든다. 고객에게 명확한 자기다움을 인식시키는 것, 바로 브랜딩을 훌륭하게 해내고 있는 사례이다.

▲ 갈색과 백색으로 통일된 〈브레디포스트〉 인스타그램 피드
(출처 : 〈브레디포스트〉 인스타그램, @breadypost_bakery)

〈브레디포스트 용산점〉 서울 용산구 한강대로44길 6, 2층 ─

브랜드 콘셉트 : 1980년대 유럽에서 먹는 소프트 프레즐

브랜드 슬로건 : You deserve delicious pretzels and coffee anytime!

홈페이지 : https://breadypost.com

인스타그램 : @breadypost_bakery

호감을 높이는 캐릭터 사용법

포카치아 델라 스트라다

이탈리아 음식점, 〈포카치아 델라 스트라다〉에 방문하면 매장 입구 벽에 그려진 캐릭터 '도우나텔로'가 포토존과 함께 방문객을 반겨준다. 포토존에는 포장된 포카치아를 들고 달려가는 도우나텔로의 모습이 담겨있다. 포카치아를 먹을 생각에 행복해 하는 표정이 매우 귀엽고 생동감 있게 표현되어 있다.

◀ 포카치아 델라 스트라다의 캐릭터, 도우나
텔로가 반겨주는 입구

브랜드에 캐릭터란 매우 강력한 무기이자 다루기 까다로운 요소이다. 캐릭터가 브랜드 성격을 잘 담아 고객에게 어필할 수 있다면, 캐릭터를 통해 일관된 브랜드 활동을 운영하기 쉽다. 게다가 브랜드가 새로운 분야로 확장할 때도 캐릭터는 브랜드 자체를 대표하기 때문에 확장 용이성이 매우 높다.

다만, 캐릭터가 브랜드를 대표할 수 있도록 '잘' 사용하는 것이 쉽지 않다. 캐릭터를 통해 브랜드 활동을 일관되게 유지하려면 캐릭터 역할을 명확하게 해야 한다. 또한 사람들에게 인식될 수 있을 만큼 브랜드 경험 속에 캐릭터를 잘 녹여야 한다.

▲ 영상으로 제작된 도우나텔로 스토리. 해변에서 태닝을 하는 도우나텔로. 해변의 정체는 사실 우측 사진의 파란 오븐 속이다. 그렇게 탄생한 마르게리타를 사람들이 맛있게 먹는다.
(출처 : 〈포카치아 델라 스트라다〉 인스타그램, @focacciadellastrada)

그런 면에서 〈포카치아 델라 스트라다〉 캐릭터가 입구에서부터 존재감을 드러낸 것은 너무 좋은 시도이다. 심플하지만 매우 귀여운 캐릭터는 호감을 얻기에 충분하다. 인스타그램을 통해 도우나텔로의 세계관과 브랜드의 스토리를 전달하는 활동은 참신하고 흥미롭기까지 하다. 영상으로 만들어진 캐릭터 스토리를 보자면, 사랑스러운 도우나텔로가 숙성되어 마르게리타가 만들어졌다는 이야기이다. 이는 스토리를 접한 고객에게 약간의 죄책감과 함께 도우나텔로가 태닝을 즐기던 이탈리아의 해변을 연상시켜, 먹는 것 이상의 즐거움을 선사한다. 다만, 다소 아쉬운 점은 이렇게나 귀여운 도우나텔로의 스토리가 매장에서는 잘 드러나지 않는다는 것이다. 물론, 메뉴판과 티슈, 브랜드 굿즈에 도우나텔로가 등장하고 있지만, 크기가 작아 유심히 살피지 않으면 놓치기 쉽다. 매장 방문 고객이 캐릭터 스토리를 알 수 있도록 영상을 틀어놓거나, 매장 내 홍보물에 더 적극적으로 사용되었으면 하는 아쉬움이 있다.

그럼에도 불구하고 〈포카치아 델라 스트라다〉에서 경험할 수 있는 이탈리아 감성은 그 자체로 매력 있다. 간판뿐만 아니라 휴무일과 매장 손잡이까지 이탈리아어가 사용되었고, 이탈리아의 전통 플랫 브래드인 포카치아가 칵테일과 함께 제공되고 있다. 매장 안쪽에는 프란체스코 토티, SSC 나폴리 등 이탈리아 하면 빼놓을 수 없는 대표 축구팀의 유니폼도 전시되어 있다. 가장 인상적인 것은 미트슬라이서인데 주방이 아닌 테이블 쪽에 자리 잡고 있어 고기를 써는 모습을 볼 수 있다. 단순히 고기가 썰리는 모습인데도, 반복되는 슬라이서의 리듬에 맞춰 쌓여가는 고기와 직원의 움직임을 안주 삼아 식사할 수 있다.

▲ 포카치아 COTTO e FUNGHI(익힌 햄과 버섯)　▲ 포카치아와 즐기기 좋은 다양한칵테일

<포카치아 델라 스트라다> 서울 용산구 한강대로46길 11 —

브랜드 콘셉트 : 이탈리아 현지 느낌과 맛 그대로 만들어진 건강한
포카치아와 샌드위치
브랜드 철학 : QUALITÀ e PASSIONE(품질과 열정)
인스타그램 : @focacciadellastrada

인스타그래머블로 만드는 화제성

테디뵈르하우스

〈테디뵈르하우스〉는 용리단길의 대표적인 인기 명소이다. 매장 주변
은 항상 긴 대기 줄과 사진을 찍고 있는 사람들로 인산인해를 이룬다. 건
물 전체 외관에 사용된 파스텔톤의 색감과 사람 크기만 한 곰 인형이 파
리의 아기자기한 매장을 연상시켜, 그냥 지나칠 수 없는 인증 사진 명소
이기 때문이다.

▲ 파스텔 블루 외벽이 특징인 〈테디뵈르하우스〉

매장으로 들어설 때부터 눈을 사로잡는 인테리어는 기분을 설레게 한
다. 하얀 벽에 벽돌과 목재가 가득 사용된 인테리어는 유럽 분위기를 풍

긴다. 'Paris'가 적힌 책, 삼색기와 에펠탑 포스터는 직관적으로 프랑스를 연상시킨다. 베이커리는 화려한 비주얼로 진열되어 있고, 음료조차 토핑이 가득해 시각적 매력이 뛰어나다. 매장과 메뉴 모두 프랑스를 떠올릴 수 있도록 촘촘하게 설계되어 있다. 어느 곳에서 사진기를 들어도 마치 스튜디오를 온 것처럼 모든 공간이 아기자기하게 연출되어 있다. 다른 테이블을 둘러보면, 감성적인 인증 사진을 인스타에 올리느라 바쁜 사람들을 확인할 수 있다.

▲ 아름다운 인테리어, 화창한 햇살, 윤기 도는 디저트
▲ 눈에 띄게 걸려 있는 프랑스 국기와 각 테이블에 놓인 프랑스 상징. 소품들을 이용해 크고 작은 부분까지 섬세하게 연출했다.

이것이 바로, 〈테디뵈르하우스〉의 강점인 '인스타그래머블' 마케팅 비법이다.

브랜딩 초보자를 위한 브랜드 산책노트

인스타그램에 올릴 만할, 올리고 싶은 이미지를 누구나 손쉽게 촬영할 수 있도록 섬세하게 매장과 제품을 디자인한 것이다. 이제 브랜드는 기능적 가치를 넘어 감성적인 가치를 전달하고, 자아 표현의 가치를 창출하는 시대가 되었다. 단지 커피와 빵이 맛있는 것은 맛집(기능적 가치)에서 그친다. 파리 감성이라는 브랜드 콘셉트를 통해 감성적 가치를 전달하고, SNS에 감성을 자랑하게 하여 자아 표현을 가능하게 하는 것이 앞으로의 브랜드가 해내야 할 역할이 되었다. 〈테디뵈르하우스〉는 요식 업계가 고객에게 다양한 가치를 제공할 수 있음을 보여주는 대표적인 브랜드이다.

〈테디뵈르하우스 용산점〉 서울 용산구 한강대로40가길 42, 1층 —
브랜드 콘셉트 : 파리의 느낌을 가득 담은 맛있는 크루아상 베이커리
브랜드 슬로건 : Mom said, "It's the best croissant in town!"
인스타그램 : @teddy.beurre.house

시스템으로 경험하는 스페인의 정취

타파코파

스페인을 방문해 본 사람이라면 용리단길의 〈타파코파〉가 정말 반가울 수밖에 없다. 한국에서는 피자나 파스타에 비해 스페인 음식이 아직

낯설어 매장이 흔치 않기 때문이다. 스페인의 대표적인 음식이라고 하면 타파스(식사 전에 간단히 술과 곁들여 먹는 소량의 음식을 이르는 말)와 파에야(고기나 해산물, 채소를 넣고 만든 스페인의 쌀 요리)를 들 수 있는데, 〈타파코파〉는 그중 타파스를 중심으로 다양한 해산물과 주류를 제공한다.

▲ 〈타파코파〉의 메인 문어 요리와 핀초

〈타파코파〉는 타파스와 술을 통해 스페인 정취를 전하는 브랜드이다. 브랜드명인 'tapa copa'는 '타파스'와 '한잔의 술'을 의미한다. 또한 외부 어닝과 매장 내부에 적힌 'Una tapa y una copa, por favor.'(타파스 하나

와 술 한잔 주세요)', 'Tomemos una copa todos(자, 모두 한잔합시다)'의
텍스트를 통해서도 메시지를 전하고 있다. 무엇보다 이곳의 1인 1주류 시
스템(매장 지하 한정)은 브랜드가 전달하고자 하는 가치를 확실하게 드
러내고 있다.

　다만, 스페인어를 모르는 고객은 매장 곳곳에 숨겨진 메시지를 직관적
으로 알기 어렵다는 점이 아쉬웠다. 매장을 이용하는 누구나 볼 수 있게
'한잔의 술과 타파스로 스페인의 정취를 담아내고자 한다'라는 메시지가
한국어로 메뉴판에 적혀 있었다면 어땠을까. 혹은 1인 1주류 시스템에 담
긴 의미가 설명되었어도 좋았을 것이다. 좀 더 직관적으로 고객이 '스페
인'과 〈타파코파〉를 연결하고, 시스템의 의미를 이해할 수 있도록 돕는
것도 좋았을 거란 상상을 해 보았다.

▲ 어닝에 적힌 'Una tapa y una copa, por favor.'

▲ 내부에 적힌 'Tomemos una copa todos' 스페
인어 메시지가 직관적으로 해석되지 않아 아쉽다.

　사실, 이미 〈타파코파〉는 매장 전반에서 스페인의 정취를 충분히 전달
하고 있다. 스페인 음식의 주재료인 올리브 이미지가 매장 곳곳에 그려

져 있고, 바닥과 벽에는 알람브라 궁전(스페인 그라나다 지역에 있는 성)의 아라베스크 문양이 연상되는 타일이 곳곳에 포인트로 사용되었다. 무엇보다도 뛰어난 요리의 퀄리티는 개인적인 스페인의 추억, 바르셀로네타 해변과 그곳에서 먹었던 신선한 해산물 요리를 떠올리게 했다. 아쉬움을 뒤로하고도 충분히 의미 있고 소중한 브랜드 〈타파코파〉이다.

〈타파코파〉 서울 용산구 한강대로54길 29 —
브랜드 콘셉트 : 스페인 여행에서 느꼈던, 쨍한 햇살 아래의 와인 한잔을 추억하는 현지의 타파스 바(Bar)
브랜드 메시지 : tapa(타파스)와 copa(한잔의 술)로 스페인의 정취를 담고자 합니다.
인스타그램 : @tapacopa

>>> 3 <<<
용산에서 돌아오며

글을 마치며

　매장을 운영하는 사람의 시선과 경험이 짙게 담긴 브랜드를 체험하면서 내가 경험했던 나라의 특징을 발견하고 추억을 떠올리는 즐거움이 있었다. 운영하는 사람의 시선이 담길수록 왠지 모를 친근함이 드는 것은 브랜드를 형성하는 요소로 인해 추억을 간접적으로 체험하게 되기 때문이 아닐까. 그런 디테일이 소소하면서도 새롭고 정겨운 용리단길만의 색을 만들어 가고 있는 것 같다.

　용산동에는 유독 눈여겨볼 것이 많은 이국적인 브랜드가 많았다. 매장을 직접 방문해 콘셉트를 온몸으로 느끼며 브랜드를 만난다는 것이 얼마나 즐거운지를 깨닫는 경험이었다. 많은 사람이 이 브랜드를 더 많이 사랑하길, 앞으로도 가치와 철학을 가진 훌륭한 브랜드가 더 많아지길 바란다.

비하인드 인터뷰

당신이 브랜드에 빠져드는 이유

이전 비하인드에서 브랜드란 무엇인지 이야기했다. 정체성이 있을 때, 그것을 소비자에게 인식시킬 때, 진정한 브랜드가 된다.

그런 브랜드 중에서도 많은 사람에게 사랑받는 브랜드가 있다. 개인마다 유독 눈길이 가는 브랜드가 하나쯤 있을 것이다. 그런 브랜드의 제품이라면 타사에 비해 가격이 비싸거나 기능이 조금 떨어지더라도 애정하는 마음으로 구매하기도 한다. 그리고 그 브랜드의 발걸음을 응원하는 마음으로 지켜본다. 사람들이 브랜드에 빠져드는 이유는 무엇일까?

브랜드 초보 April(프릴)이 브랜드 전문가 Aileen(에일린)과 하는 인터뷰.

용산 방문을 바탕으로, 브랜드 철학의 중요성과 브랜드 철학을 전하는 방식에 대해 논한다.

깊이 있는 브랜드란 무엇인가요?

April. 한남에 걸쳐 용산까지 벌써 30여 개의 브랜드를 방문하셨어요. 용산에서 돌아오는 길에 '깊이 있는 브랜드는 무엇인가.'에 대해 얘기했었는데, 사실 저는 잘 이해하지 못했었거든요. 그래서 인터뷰를 시작하기 전에 먼저 여쭤보고 싶었어요. '깊이 있는 브랜드'가 어떤 의

미인가요?

Aileen. '깊이 있는 브랜드'를 쉽게 설명하자면, 맛과 콘셉트를 넘어선 **브랜드 가치가 느껴지는 곳**이에요. 어떤 브랜드를 경험하면서 깊은 울림을 받아본 적이 있나요? 아마도 브랜드의 가치가 전해졌기 때문일 거예요. 브랜드의 가치는 지속해서 쌓아온 브랜드의 일관된 행보가 브랜드 철학의 맥락에서 읽힐 때 전해집니다.

예를 들어서 우리가 한남동에서 방문했던 〈mtl〉의 굿즈 구성을 들여다보면, '내가 어떤 삶을 살아가고 있는가.'라는 '삶'의 키워드가 떠올라요. 판매되는 책도 모두 '삶'이라는 키워드로 연결되어 있고, 리유저블 컵, 리유저블 스트로를 판매하죠. 삶에 대한 깊은 묵상과 연결되는 인센스가 여러 종류 비치되어 있고, 비건과 논비건 모두 불편할 일 없는 메뉴 구성으로 방문객의 다양성을 고려했어요. 그런 모든 요소에서 〈mtl〉이 삶을 존중하는 태도가 느껴졌어요.

April. 〈mtl〉에서 그런 메시지를 느끼셨군요. 사실 에일린이 분석해 주셔서 〈mtl〉의 '삶' 키워드가 이해되긴 하지만, 저 혼자서 〈mtl〉에 갔다면 알 수 있었을지 모르겠어요. 아직 브랜드의 여러 요소를 조합하는 건 저한테 어려운 것 같아요. 혹시 더 직관적으로 메시지를 느낄 수 있는 예시가 있을까요?

Aileen. 용산의 브랜드는 콘셉트를 강하게 보여주는 편이라 프릴이 이해하기에 더 쉬울 것 같네요. 〈쌤쌤쌤〉을 예시로 들어 볼까요?

〈쌤쌤쌤〉 매장 입구에 'since 2021'이라는 표현이 있어요. 'since'라는 표현은 굉장히 오래된 브랜드에서 많이 사용하는데, 〈쌤쌤쌤〉의 경우 설립 연도가 최근인데도 자신 있게 사용하고 있는 모습을 보면 어떤 유구한 역사를 가져보겠다는 포부로 느껴지지 않나요? 매장(브랜드)을 만든 사람의 의지가 보이는 것 같아요. 그뿐만 아니라, 대기할 때부터 식사를 마치고 계산할 때까지 손으로 적은 것 같은 메뉴판을 주고, 직원의 친밀하고 친근한 배려를 계속 느낄 수 있었어요. 이런 점들이 미국 가정식이라는 것과 연결돼서 '샌프란시스코의 정'이라는 키워드가 떠올랐어요.

이렇게 **브랜드가 의지를 갖추고 고객에게 다가올 때, 브랜드가 인격이 있는 것처럼 느껴지면서 메시지가 들리죠.** 그런 점이 브랜드에 애정을 갖게 하는 이유이기도 해요.

요식업에도 브랜드 철학이 필요한가요?

April. 저는 콘셉트가 강하면 깊이 있는 브랜드라고 생각했던 것 같아요. 혹시 용리단길의 브랜드 중에 콘셉트가 강해서 기억에 남은 브랜드는 없었나요?

Aileen. 〈도토리〉가 좀 인상적이었어요. 자신들의 캐릭터가 도드라지도록 반복해서 보여줘요. 인테리어, 메뉴, 굿즈 등 모든 곳에 도토리의 캐릭터가 있어요. 시각적인 콘셉트가 너무 꼼꼼해서 '하나도 놓치

브랜딩 초보자를 위한 브랜드 산책노트

지 않겠다, 콘셉트에 미쳐보겠다!'라는 느낌이 드는 매장이에요.
방문했을 당시 멤버들끼리 "아르바이트생도 이미지 보고 뽑은 걸까?"
라며 궁금해 했었죠. 〈도토리〉의 직원이 여자 남자 할 것 없이 이미지
가 동글동글하고 따뜻했잖아요. 20대 초반으로 보이는 직원의 통통한
볼살이나 동그란 선이 귀여운 이미지였고, 목소리와 말투도 동글동글
한 느낌을 주었어요. 그래서 운영하는 직원도 브랜드 이미지에 맞춰
뽑는 건지 궁금하더라고요. 도토리의 그런 디테일이 인상에 남네요.

▲ 〈도토리〉의 캐릭터 '토리'와 '버그'를 매장 모든 곳에 확인할 수 있다.

▲ 식빵에 찍힌 작은 낙인까지 캐릭터를 활용한 디테일이 엄청나다.

April. 그럼 〈도토리〉에서는 브랜드 철학을 느끼지 못해서 아쉽다는
생각은 안 드셨나요? 사실 저는 철학이라고 하면 무겁고 진중한 느낌
이어서인지 '〈도토리〉처럼 산뜻하고 귀여운 카페가 굳이 철학을 가져
야 할까?'라는 생각이 들거든요.

Aileen. 브랜드 철학이 없다고 브랜드가 아닌 건 아니에요. 브랜드
철학을 갖출지는 브랜드의 선택에 달려 있죠. 브랜드의 철학이 생각하

는 것만큼 무겁지만도 않거든요.

가상으로 예를 들자면, 〈도토리〉에서 유기농 요거트로 건강한 음식을 제공하겠다는 철학이 있다고 해 볼게요. 그럼, 매장에 유기농을 쓰는 이유가 적힌 안내문을 붙이고, 고객에게 유기농의 장점을 어필하는 메시지 카드를 주는 것도 좋은 아이디어가 될 수 있겠죠. 혹은 건강함이란 키워드의 이벤트를 열어서 고객이 함께 참여하게 할 수도 있고요. **철학은 전달하고 싶은 '가치'를 전달하는 것에서 시작해요. 그리고 메시지가 얼마나 진중한가보다는 얼마나 오래 일관성을 가지고 지켜가는지가 중요하고요.** 철학이 있는 브랜드를 만나면 응원하고 싶어지고, 애정을 갖게 되는 건 저만의 경험은 아니겠죠.

브랜드 철학이 있는데 안 느껴져요, 왜 그런 건가요?

April. 〈아모레퍼시픽〉(이하 아모레) 본사에 갔었을 때 1층에는 꽃집이랑 라이브러리, 2층에는 〈이니스프리〉 카페와 〈아모레 스토어〉가 있었잖아요. 매장의 구성, 내부 인테리어, 건축 구조에서 저는 아름답다는 느낌을 확실히 받았었어요. 그런데 사실 도대체 〈이니스프리〉가 카페를 왜 하고, 꽃집이 왜 있고, 라이브러리가 왜 있는지는 이해가 잘 안 갔거든요.

▲ 아름다운 미관의 〈아모레〉 본사 건물

그러고 나서 나중에 〈아모레〉 홈페이지에 들어가 보니까 자사의 비전이 '라이프 확장', 다시 말해서 '전 생애와 일상생활로의 확장'이라는 거예요. 그 비전을 인지하고 보니까 본사 건물이 이해는 되더라고요. 하지만 여전히 자연스럽게 느껴지지는 않아요. 왜 그런 걸까요?

Aileen. 저는 설명을 보고 '깨닫는 브랜드'는 아직 고객 전달에 있어 고민할 부분이 있다고 생각해요. 물론, 브랜드 철학을 전하기 위해서 텍스트를 이용하는 것이 잘못된 건 아니지만, 기본적으로 브랜딩은 깨닫기보단 느끼는 것이니까요. 고객이 학습해야 알 수 있다는 점에서

〈아모레〉의 메시지는 아직 소비자 입장에서 다소 어려운 지점이 있죠. 〈아모레〉가 새로운 가치를 전달하기 위해, '느낄 수 있도록' 고안해야 할 부분이 있어 보여요. 브랜드가 '무엇을', '왜' 하는지 자연스럽게 이해하고 공감할 수 있는 형태였으면 좋겠어요. 브랜드 활동을 왜 하는지 직관적으로 납득이 되면, 훨씬 더 자연스럽게 수용하게 되거든요.

너무 유명한 예시지만, 'simple'함으로 대변되는 〈애플〉은 스티브 잡스의 심플한 삶으로 메시지를 전달했어요. 항상 똑같은 옷과 신발을 착용하고, 방에도 스탠드 조명과 레코드판 하나밖에 없다고 알려져 있으니 정말 심플하죠? 창업자의 삶에서 시작한 가치가 브랜드의 로고와 설명서, 제품의 디자인까지 모든 부분에 동일하게 담겨 있어요. 심플한 제품으로 내가 필요한 기능이 모두 실현되니 '심플한 게 제일 좋은 거야.'라는 메시지가 자연스럽게 납득되고 나도 그 가치관을 따르고 싶어지는 거예요. 심지어 CEO가 바뀐 지금은 몇 가지 정책에 아쉬운 점이 있지만, 제가 지지했던 그 정신이 아직 살아 있기를 희망하며 여전히 저는 〈애플〉의 철학을 응원하고 있어요. 왜냐면 그들이 긴 역사 동안 많은 곳에서 '심플이 가장 좋다.'라고 말하고 행동하는 것을 경험했고, 충분히 공감하며 누렸기 때문이에요.

April. 〈애플〉의 예시를 들으니까, 철학을 여러 방면에서 보여준다는 게 무엇인지 확실히 잘 이해되네요. 그럼 〈아모레〉가 철학을 더 다양하게 보여준다면 사람들도 자연스럽게 느낄 수 있겠네요?

브랜딩 초보자를 위한 브랜드 산책노트

Aileen. 시간이 축적되길 기다릴 필요도 있어요. 〈아모레〉의 브랜드 〈이니스프리〉가 최근 리브랜딩을 시도했잖아요. 기존 이미지와는 다른 디자인 요소들을 사용해서 다소 낯설게 느껴지지만, 중요한 건 앞으로 〈이니스프리〉가 얼마나 진정성을 가지고 이 변화와 가치를 지속하는 가예요. 지속해서 꾸준히 노출한다면 언젠가 그 의미가 자연스럽게 다가올 날이 있지 않을까 기대하고 있어요.

▲ 울창한 숲이 연상되는 이니스프리 카페. 나무 소재의 가구와 식물의 조화가 돋보인다.

브랜드 초보 April의 후기

그동안 브랜드에 철학이 꼭 있어야 하는 건지, 철학이 없으면 브랜드가 아닌지 많이 헷갈렸어요. 브랜드에 철학이란 브랜드를 깊이 있게 만들어주는 요소였네요! 결국 브랜드를 인격체처럼 느끼고, 진심으로 아끼게 되는 게 브랜드 철학의 덕이라는 생각도 들어요. 그렇게 생각하니 깊이 있는 브랜드가 사랑받는 이유도 알 것 같아요. 내가 좋아하는 브랜드에는 어떤 메시지가 있었는지 생각해 보게 되네요.

앞으로 브랜드를 방문할 때 정체성을 넘어서 어떤 메시지가 담겨 있는지 생각해 보는 것도 좋을 것 같아요. 이 책을 읽는 여러분도 좋아하는 브랜드를 더 좋아할 수 있게 되길 바라며, 두 번째 비하인드 인터뷰를 마칩니다.

April이 뽑은 용산동의 브랜딩 비밀!

1. 명확한 콘셉트는 고객에게 디테일한 즐거움을 전한다.
2. 캐릭터를 활용하면 브랜드에 호감을 쉽게 가질 수 있다.
3. 브랜드 철학은 고객에게 진심을 전한다.

3장 >>>

트렌드를 이끄는 브랜드 마을,
성수동

개성이 넘치고, 시대 변화를 잘 캐치하는 트렌디한 사람을 우리는 '힙하다.'라고 표현한다. 그리고 성수동은 힙한 브랜드가 가장 많이 밀집된 지역이다.

과거 성수동에는 가죽 공장, 자동차 공장 등 여러 작업장이 밀집해 있었다. 공장이 떠난 자리, 붉은 벽돌이 주는 독특한 분위기와 저렴한 임대료는 예술가와 디자이너를 모여들게 했다. 이들은 빈 공간을 자신의 색과 의미를 담아 창의적인 모습으로 변모시켰다.

현재 성수동은 카페와 갤러리, 패션 매장과 스타트업 등 다양한 브랜드가 트렌드를 이끌고 있다. 저마다의 개성으로 가득한 브랜드 마을로 성장한 것이다. 지금도 성수동에서는 다양한 아이디어와 실험적인 프로젝트가 활발히 진행되고 있다. 그리고 이런 시도를 즐기는 국내외 고객들로 인산인해를 이루고 있다. 자기다움으로 새로운 가치를 창출하고 있는 성수동의 브랜드를 탐색해 보자.

>>> 1 <<<
철학이 흐르는 힙한 브랜드

브랜드가 자기다움을 갖기 위해 가치와 비전을 고민하다 보면 그 깊이를 더하는 순간이 온다. 브랜드 확장이나 세계관 구축과 같은 변화가 생길 때, 콘셉트와 메시지를 공고히 하기 위한 브랜드 활동을 펼치게 된다. 비즈니스의 본질인 이익과는 다소 먼, 겉보기에 쓸모없는 활동처럼 보이는 것들이 여기에 속한다. 그리고 우리는 그 지점에서 브랜드 철학을 경험하게 된다.

우리는 이런 '쓸모없는 활동'을 보고, 힙하다는 표현을 붙이기도 한다. 사람들은 단순히 판매와 홍보를 넘어선 브랜드 활동에 환호를 보낸다. 어쩌면 우리는 자신을 단순히 구매자로 바라보고 지갑을 열길 바라는 판촉 활동에 질려버린 것은 아닐까. 내가 충분히 공감하고 즐길 수 있는 곳에 기꺼이 값을 지불하는 소비의 시대가 되었다. 나에게 놀라움을 주고 호감을 불러일으키는 힙한 브랜드의 마을, 성수를 둘러보며 사랑받는 브랜드의 면모를 파악해 보았다.

기능적 가치를 넘어 자아 표현적 가치로
누데이크

〈누데이크〉는 〈젠틀몬스터〉의 모기업 '아이아이컴바인드'가 만든 디저트 카페이다. 〈젠틀몬스터〉는 안경을 패션 아이템으로 삼아 기존 아이웨어 생태계를 바꿔버린 브랜드이다. 〈누데이크〉 또한 기존의 카페 생태계와는 전혀 다른 가치를 제안하며 상상을 뛰어넘는 이색적인 디저트를 제공한다. 〈젠틀몬스터〉와 〈누데이크〉를 탄생시킨 김한국 대표는 "새로운 수요는 항상 매력적인 제품에서 나온다."라고 말한다. 이 말처럼 매력적인 제품과 전시를 통해 메시지를 전달하고 수요를 창출하는 그의 행보는 정말이지 파격적이다.

▲ 깔끔하면서 인상적인 외관이 돋보이는 〈누데이크〉 성수

브랜딩 초보자를 위한 브랜드 산책노트

〈누데이크〉는 좌석을 두기에 바쁜 기존 카페의 모습을 탈피하고, 그 자리를 디저트 모형과 전시품으로 채워놓았다. 매장을 방문하면, 붐비는 인파에 비해 좌석 수가 적어 전시품이 차지하는 자리가 야속하다는 생각이 들 수도 있다. 하지만 불평도 잠시, 전시장을 방불케 하는 전시물의 거대한 규모와 실물로 착각할 만큼 잘 만들어진 제품 모형에 시선을 빼앗기는 자신을 발견하게 될 것이다.

이 공간의 주인공은 고객인 나보다 공간, 음악, 제품이라는 인상을 받는다. 우리는 카페를 방문하면서 내가 보낼 시간, 혹은 만날 사람과의 대화를 기대한다. 하지만 이곳에서는 나보다는 〈누데이크〉의 정신에 집중하게 된다. 그런 점에서 이곳은 기존 카페보다 전시장과 더 닮아 있다.

▲ 제품 전시 공간을 좌석만큼 활용하여 고객은 마치 구경 온 '관람객'이 된다.

매장 내부를 구성하는 법만 놀라운 것이 아니다. 〈누데이크〉의 핵심은 바로 디저트의 차별화된 디자인과 맛이다. '피크(Peak) 케이크'와 '마이크로와상'은 론칭과 동시에 SNS 인증 화제를 일으켰다. 피크 케이크의 테두리를 감싸고 있는 까만 페이스트리를 뜯는 순간, 녹색의 말차 크림이 흐르는 장면이 매우 인상적이기 때문이다. 손가락 한 마디 정도 되는 마이크로와상은 한 번도 본 적 없는 작은 크기로 많은 이에게 놀라움을 주었다.

〈누데이크〉의 마이크로와상은 기능성을 완벽하게 배제한 메뉴로, 디저트의 본질을 '제품의 품질'에 국한하여 생각하던 기존 카페의 패러다임을 뒤집었다. 맛의 기능성보다는 소유욕, 경험해 보고자 하는 감성적·자아 표현적 가치가 부각되는 제품이다. 먹고 마시는 카페도 명품이 될 수 있음을 완벽하게 보여주는 사례이다.

새로운 트렌드를 관찰하는 기쁨, 그리고 흐름에 맞춰나가고 있다는 '힙함의 소유'로 브랜드가 고객에게 제공하는 자아 표현적 가치를 살펴보았다. 고정관념을 깨고 새로운 가능성을 제시하는 〈누데이크〉의 행보가 기대된다.

<누데이크 성수> 서울 성동구 성수이로7길 26, 1층 —
브랜드 콘셉트 : Museum of Nudake
브랜드 슬로건 : Making new fantasies through artistic dessert
홈페이지 : https://www.nudake.com
인스타그램 : @nu_dake

마니아 중심 브랜드의 대중화

피치스 도원

〈피치스 도원〉에 도착하면 건물 밖에서도 들을 수 있는 일렉트로닉 음악이 흘러나온다. 그리고 두 개의 창고형 건물과 'PEACHES' 로고가 선명한 스포츠카가 시선을 끈다. 스포츠카는 건물 내부에서도 확인할 수 있는데, 건물마다 공간 콘셉트와 일치하는 스포츠카가 전시되어 있다. 왼쪽 건물은 〈피치스〉의 의류와 모자 등 패션 상품을 판매하는 리테일 숍, 오른쪽 건물에는 〈피치스〉의 F&B 브랜드인 〈크림샵〉과 잠봉뵈르가 유명한 〈소금집델리〉가 입점해 있다.

〈피치스 도원〉의 첫 방문은 사실 적잖이 당혹스러웠다. 고가의 화려한 스포츠카가 왜 이렇게나 많은 건지, 스포츠카를 콘셉트로 무엇을 전달하고 있는 것인지, 이 브랜드와 공간의 콘셉트를 이해하기 어려워 혼란스러웠다. 다만, 이 공간이 자동차에 진심이라는 것, 그것만은 강하게 인상에 남았다.

▲ 〈피치스 도원〉의 튜닝카　　　　　　▲ 리테일숍 내부에 전시되어 있는 스포츠카

　〈피치스(Peaches)〉는 스포츠카를 비롯한 자동차 애호가들을 대상으로 다양한 콘텐츠를 제공하고 있는 커뮤니티 브랜드다. 그리고 〈피치스 도원〉은 마니아적인 브랜드의 대중화를 위해 기획된 F&B 브랜드이다.

　〈피치스〉는 자신의 브랜드를 명확하게 정의 내리지 않는다. 대신 무한한 가능성으로 설명한다. 실제로 이 브랜드는 커뮤니티를 넘어선 라이프 스타일 브랜드로서의 확장을 보인다. 자동차 문화와 관련된 의류와 액세서리 등의 제품을 제공하고 있을 뿐만 아니라 다양한 브랜드와의 컬래버를 통한 영상 제작과 전시 등, 다양한 범위로 브랜드 활동을 이어가고 있다. 〈피치스 도원〉은 이런 활동을 가능하게 하는 오프라인 공간으로 역할하고 있다.

　〈소금집델리〉의 정문으로 들어가기 위해서 두 창고 건물 사이를 통과해야 하는데, 이 길에는 두 건물이 마주 보고 있는 틈으로 긴 벽이 있다.

이 벽은 컬래버를 진행할 때마다 다양한 브랜드의 색과 이야기로 다채롭게 변신하며 새로움을 더한다. 벽을 지나면 야외 테이블과 수풀 사이 반파되어 박혀 있는 자동차를 볼 수 있다. 〈피치스〉가 메이크업 전문 브랜드인 〈레어카인드〉와 협업 광고를 제작할 당시, 실제로 떨어뜨렸던 자동차이다. 브랜드가 얼마나 진정성 있게 활동을 이어가고 있는지를 보여주는 대표적인 상징물이다.

▲ 건물 사이 공간을 이용해 만든 길

▲ 땅에 박힌 듯 반파되어 있는 자동차. 〈피치스 도원〉의 시그니처이다.

방문 당시에는 〈아디다스〉와 듀스 30주년 기념 협업이 진행 중이었는데, 팝업 콘셉트에 맞게 다양한 영상과 유품, 행사가 공간 전체에서 이뤄지고 있었다. 〈피치스 도원〉은 전반적으로 좌석보다 전시 공간이 더 넓다. 게다가 벽면을 채우고 있는 크고 화려한 디스플레이는 다양한 브랜드 콘셉트를 보여주기에 최적화되어 있다. 〈피치스〉가 의도하는 무한한 가능성이 실현되는 공간 기획이다. 매번 〈피치스〉가 걸어가는 걸음이 화제가 되는 만큼, 이 브랜드가 추구하는 '애매모호함'이 어디까지 뻗어나 갈지 기대된다.

▲ 〈아디다스〉와의 컬래버

▲ 듀스의 영상이 비디오아트로 재생되고 있다.

〈피치스 도원〉 서울 성동구 연무장3길 9 —

매장 콘셉트 : 자동차가 휴게소에 들르듯 사람들이 일상 속에 방문할 수 있는 쉼터

상위 브랜드 : 〈Peaches.〉, 스트리트 카 컬처를 기반으로 한 라이프스타일 브랜드

홈페이지 : https://peachesoneuniverse.com

인스타그램 : @d8ne_seongsu

관점의 전환에서 시작하는 힙함

카페 포제

〈카페 포제〉 매장 안에 들어서면, 깔끔한 백색 공간에 흐르는 감성적인 팝을 들을 수 있다. 언제 방문해도 편안하게 맴도는 음악과 커피를 즐길 수 있는 곳이다.

어느 카페나 당연하게 존재하는 커피와 음악이 이곳에서는 좀 더 편안하게 느껴지는데, 이 편안함은 공간을 운영하는 사람의 디테일에서 나온다. 〈카페 포제〉는 스페셜티로 커피의 디테일을 잡고, 층마다 다른 인테리어로 분위기를 다양하게 전달한다.

매달 'cafe poze monthly music' 플레이리스트를 공개하며(현재 2023년 5월까지의 기록이 남아 있다), 〈카페 포제〉만의 정체성을 드러내 왔다. 선별된 플레이리스트가 주는 차별점은 자연스러움이다. 연속성 있게 흘러나오는 노래는 이 공간에 머무는 시간을 풍요롭게 해 준다. 곡이 바뀌어도 들쑥날쑥함 없이 하나의 맥을 가지고 있어 집중을 방해하지 않기 때문이다.

〈카페 포제〉의 섬세함이 돋보이는 것이 또 하나 있는데, 매장에 비치된 높낮이가 다양한 테이블이다. 낮은 테이블에서는 대화를 나누는 무리가, 높은 테이블에서는 작업을 하는 사람이 자연스럽게 자리한다. 방문객의 필요에 따라 공존하는 공간을 세팅했다.

▲ 〈카페 포제〉의 높낮이가 다른 테이블과 음악을 담당하고 있는 스피커

　〈카페 포제〉는 예술과 문화를 통한 즐거운 경험을 만드는 'TPZ(템포
지티브제로)'의 철학을 담아 탄생한 카페이다. 이곳의 세 가지 키워드
'Coffee, Music and Arts' 중 가장 핵심적인 역할을 하는 것은 바로 'Arts'
이다. 앞서 언급했듯이 모든 카페에서 커피와 음악은 빼먹을 수 없지만,
예술이 존재하는 카페는 많지 않다. 〈카페 포제〉는 쉽게 접근할 수 있는
'카페'에서 예술을 접하는 '일상의 예술화'를 시도했다. 일상(상업 공간)에
예술과 문화를 더하려는 시도는 예술이 조금은 어려운 사람에게 매우 반
가운 시도이다.

〈카페 포제〉는 지하 1층부터 지상 4층까지의 건물을 사용하여 예술을 다양한 모습으로 담아냈다. 지하의 아카이브 공간은 소공연 혹은 전시를 열 수 있는 공간으로, 카페로 사용하는 1, 2층은 다소 일상적인 편안한 분위기로 조성했다. 3층은 벽과 바닥의 콘크리트를 모두 노출하여 인더스트리얼한 분위기의 전시 공간으로 사용할 수 있도록 해 두었다(촬영 당시에는 전시 중인 작품이 없었다). 각 층이 서로 다른 분위기를 연출하며 공간마다의 특색을 보여준다.

▲ 〈카페 포제〉 지하 1층에서 열렸던 이해선 작가 개인전 (출처: 〈카페 포제〉 인스타그램, @cafe_poze)

특별히 전시나 팝업이 있는 기간이면 1층 유리창이 새롭게 가꿔진다. 고정된 공간에 정적인 그래픽아트를 유동적으로 변화시켜 마치 예술이 흐르는 듯한 느낌이 든다. 자주 방문하며 함께하는 시간만큼 흘러가는 예술이라는 점에서 더 애정을 갖게 하는 브랜드이다. 다음에 만날 새로움을 기대하게 만드는 것이 이 브랜드가 사람들에게 사랑받는 이유이다. 성수스러운 대표적인 카페, 〈카페 포제〉의 힙함은 가까워지고 싶지만 멀었던 예술을 일상에서 만난다는 발상의 전환으로부터 시작되었다. 일상으로부터 접하는 예술의 힘을 〈카페 포제〉에서 더 자주 느낄 수 있기를 바란다.

▲ 2023년 이해선 작가 개인전과 팬시 프로젝트 팝업. 팝업마다 바뀌는 유리창 디자인은 매장의 분위기를 바꾸는 데 큰 역할을 한다. (출처 : 〈카페 포제〉 인스타그램, @cafe_poze)

〈카페 포제〉 서울 성동구 연무장9길 7 —

브랜드 콘셉트 : 스페셜티를 맛볼 수 있는 카페이자 음악과 전시, 팝업 행사를 즐기는 문화 공간

브랜드 슬로건 : Coffee, Music and Arts | 음악과 커피를 통해 영감이 향처럼 퍼져나가는 장소

인스타그램 : @cafe_poze

브랜드 가치로 이끄는 트렌드

성수동에서는 온라인 브랜드의 오프라인 컬래버가 시도되고, 명품관에서나 볼 수 있는 럭셔리 브랜드의 팝업이 심심찮게 오픈된다. 커뮤니티가 브랜드가 되기도 하고, 카페가 갤러리가 되기도 한다. 분명, 제품을 판매하는 브랜드인데 제품보다 전시가 더 화려한, 실험적인 시도들이 일어나고 있다. 이렇게 성수동을 트렌드에 가장 앞선 지역으로 이끌어 온 역사를 지닌 브랜드가 있다.

바로, 〈성수동 대림창고 갤러리〉와 〈어니언 성수〉, 〈카페 할아버지공장〉이다.

이 브랜드는 사람들이 가장 친근하게 접근할 수 있는 카페 형태로 새로운 브랜드 가치를 전달한다. 브랜드 가치는 정체성을 기반으로, 명확하고 일관된 브랜드 메시지를 전달하는 것에서 시작한다. 소비자의 인식속에 브랜드를 각인시키고 나면, 차별화된 우리 브랜드만의 제품이나 서비스를 통해 소비자에게 신선한 가치를 전달할 수 있다. 당신의 브랜드가 존재함으로써 당신만이 전할 수 있는 가치는 무엇인가?

'트렌드를 이끄는 성수동'을 만들어 낸 성수동 토박이 브랜드를 살펴보자. 어떤 브랜드 가치로 고객을 공감시키고 사랑받고 있는지를 알아보고 우리 브랜드의 가치도 고민해 보길 추천한다.

고객가치로 구축한 지역 시그니처
성수동 대림창고 갤러리

처음 〈성수동 대림창고 갤러리〉(이하 대림창고)를 방문한 날, 〈대림창고〉의 입구가 길 한가운데 뜬금없이 나 있다는 느낌을 받았다. 좁고 촘촘한 성수동 거리에 〈대림창고〉의 오래된 빨간 외벽이 너무 자연스러웠기 때문이다. 창고라는 이름에 걸맞은 크고 묵직한 문을 열고 들어서면, 밖에서는 상상하지 못했던 이색적이고 감각적인 장면이 펼쳐진다.

▲ 붉은 벽돌 외벽과 거대한 〈대림창고〉의 입구

　〈대림창고〉는 내부가 높고 넓은데, 언제나 많은 작품과 사람들이 이 웅장한 규모를 가득 채운다. 이곳은 다양한 작품과 전시를 통해 예술의 접근성을 높였다. 입구 바로 앞에는 기계를 형상화한 작품이 전시되어 있고, 창고를 그대로 살린 거친 벽에는 미술 작품이 전시되어 있다. 중앙에 위치한 베이커리 진열대와 제법 긴 계산대를 지나면 쏟아지는 햇살을 받아 반짝이는 식물을 볼 수 있다. 개인적으로 〈대림창고〉에서 가장 좋아하는 부분이다. 공장의 거칠고 차가운 느낌이 자연광과 함께 조성된 플랜테리어로 인해 감성적이고 따뜻한 분위기로 중화된다.

▲ 내부에서 가장 많이 빛을 받는 공간이다.

〈대림창고〉의 큰 규모에서 오는 편안함 또한 이곳의 매력이다. 탁 트인 공간에 사람이 많음에도 답답하지 않고, 타인과의 적당한 거리감 속에서 반전적인 고립을 느낄 수 있다. 〈대림창고〉에서는 커피뿐만 아니라 맥주를 포함한 다양한 음료와 베이커리를 판매하여 자유롭게 이 공간을 소비할 수 있도록 만들었다. 어떤 이유로 성수동을 찾아도 〈대림창고〉에서는 모두 가능하다. 다양한 사람의 니즈와 활동이 뒤섞여 있는 지금의 〈대림창고〉는 '사람을 담은 창고'로 재탄생되었다.

▲ 다양한 전시로 콘텐츠를 풍성하게 만들고 있는 대림창고

주기적으로 전시가 이루어지는 〈대림창고〉의 진짜 면모를 느낄 수 있는 건 오픈 시간이다. 아직 사람이 많지 않은 한적한 공간을 여유롭게 거닐며 전시된 작품을 천천히 둘러볼 수 있다. 특히, 테이블에 앉아 커피 한잔과 함께 전시품을 바라보는 느낌이 신선하고 새롭다. 시간과 요일에 따라 다양한 매력을 보여주는 것 또한 〈대림창고〉의 포인트이다.

브랜드가 전하고 있는 가치 '예술의 기회, 다양성의 수용'이 지금의 〈대림창고〉를 만들었다. "대림창고에서 만나."라는 대화가 우리에게 익숙한 것은 오랜 시간 동안 브랜드만의 고객 가치를 전하며 성수동의 시그니처 역할을 해 왔기 때문이다. 이제는 내국인뿐만 아니라 외국인에게도 유명해져 더 다양한 방문객을 맞이하고 있는 〈대림창고〉가 확장해 나갈 고객 가치를 기대한다.

〈성수동 대림창고 갤러리〉 서울 성동구 성수이로 78 —
브랜드 콘셉트 : 공장을 개조해 만든 성수동 창고형 갤러리 카페
브랜드 메시지 : 대림창고에서 열리는 기획 전시를 통해 전하는 예술의 기회와 경험
인스타그램 : @daelimchanggo_gallery

버려진 공간의 지속 가능성

어니언 성수

    성수의 많은 브랜드 중 가장 추천하고 싶은 곳이 〈어니언〉이다. 이미 너무 유명한 곳이지만, 이 브랜드의 철학을 알게 된다면 공간을 경험하고 바라보는 시선이 조금은 더 깊어질 것이다. 〈어니언〉의 철학은 매장 곳곳에 드러나 있다. 입구에 달린 현판을 통해 1970년대에 지어진 건물이 슈퍼와 식당, 공장으로 변모해 오면서 공간이 쌓아온 역사를 바라보는 브랜드의 시선을 느낄 수 있다.

    〈어니언〉은 신선하고 트렌디한 동시에, 공간을 바라보는 시선이 깊게 담겨 있는 브랜드이다. 요즘에는 오래된 건물을 살린 레트로 콘셉트의 카페가 흔해졌지만, 이 흐름의 시작에 있는 〈어니언〉은 보이기 위한 콘셉트보다는 '지속 가능성'에 대한 고민으로 레트로를 이끌었다. 브랜드 철학을 기반으로 한 독특한 인테리어와 질 좋은 제품은 고객들에게 새로움과 사회적 책임감에 대한 가치 제공으로 이어진다.

▲ 오래된 건물을 그대로 살린 〈어니언〉의 건축. 부서진 벽을 타고 오르는 덩굴이 이곳의 역사를 보여준다.

〈어니언〉 매장에는 'onion'이라고 적힌 간판마저 오래된 건물의 일부인 듯, 공장의 흔적을 자연스럽게 유지해 두었다. 내부 인테리어는 건물의 본래 모습과 잘 어울리는 시멘트와 철판을 사용하여 통일하였다. 본래 공장의 창고와 작업실이었을 공간을 모두 그대로 사용한 덕에 숨어 있는 장소를 발견하는 재미가 있다. 구분이 모호한 실내와 실외는 하나의 독특하고 특별한 경험을 제공한다. 자세히 뜯어볼수록 건물의 역사와 세월이 그대로 드러나는 것이 〈어니언〉의 매력이다.

매장에서 제공하고 있는 각종 베이커리와 수준 높은 커피 또한 이곳에서의 경험을 즐겁게 한다. 하지만 앞서 말한 것처럼 이곳의 특별한 점은 깊이 있는 브랜드 철학이다. '지속 가능성', '상생' 등 이 브랜드가 삶을 바라보는 관점에 있어 진정성이 느껴지는 〈어니언〉의 브랜드 활동을 일부 소개하고 싶다.

◀ '리유즈 파우치' 캠페인의 재사용 티백 파우치

〈어니언〉에서는 2021년부터 구매한 티백 파우치를 매장에 다시 가져가면 파우치 하나당 티백 커피 하나를 증정하는 '리유즈(re-use) 파우치' 캠페인을 진행 중이다. 코로나 시기에는 어려운 소상공인을 돕기 위해 10일간의 LLC(Love and peace, Love with coffee) 프로젝트를 진행하여 수익금을 모두 기부했다. 이와 같은 〈어니언〉의 행보는 브랜드 철학을 보여준다. 매장에서 만나는 직원의 에너지 또한 따뜻하게 느껴지는 것도 브랜드를 운영하는 사람에게 브랜드 철학이 깊이 있게 공감되었기 때문일 것이다.

〈어니언〉은 버려진, 노후한 공간을 새로운 가치로 다시 살려낸 성수점을 시작으로, 미아점, 안국점으로 매장 수를 늘려나가고 있다. 공간의 지속 가능성과 지역의 상생 에너지를 전하는 브랜드의 철학과 영향력이 더욱 굳건하게 뻗어나가길 응원한다.

〈어니언 성수〉 서울 성동구 아차산로9길 8 —
브랜드 콘셉트 : 과거의 구조 속 가치를 다시 재생시켜 만든 온전한 휴식처
홈페이지 : https://onionkr.com
인스타그램 : @cafe.onion

문화와 사람을 품는 커뮤니티
카페 할아버지공장

〈카페 할아버지공장〉은 언제 방문해도 왠지 모를 편안함이 드는 공간이다. 이름 때문일까, 뭔가 할아버지가 커피를 내려줄 것만 같은 정겨움이 매장 안에 가득 느껴진다. 실제로 할아버지가 운영하시던 염색 공장을 손자가 물려받아 카페로 탈바꿈시키면서 현재는 문화와 사람이 공존하는 문화 복합 공간으로 자리 잡았다. 〈카페 할아버지공장〉의 큰 규모

에도 불구하고 공간에는 아늑함이 가득 배어 있다. 매장 안팎에는 폐타이어와 폐지를 사용한 리사이클링 작품과 다양한 사진, 미술 작품을 전시했다. 브랜드가 지향하는, '문화와 사람이 공존하는 공간'이 그대로 느껴지는 곳이다.

▲ 〈카페 할아버지공장〉의 간판　　　　▲ 오두막이 떠오르는 아늑한 분위기의 실내

〈카페 할아버지공장〉은 나무와 자연광을 이용한 인테리어로 공간에 따뜻함을 더한다. 통나무 테이블과 목조 천장은 통창을 통해 들어오는 자연광과 어우러진다. 벽돌 사이로 잡초가 올라와 푸릇한 마당에는 작은 오두막이 설치되어 특별함이 더해진다. 나무를 활용한 인테리어와 넓은 마당에서 오는 자연적인 분위기 덕분에 작품마저 공간과 하나가 된 느낌

156

이 든다. 마치 카페 전체가 갤러리같이 느껴져 방문하는 사람에게 산뜻한 기분을 제공한다. 이 때문인지 TV 프로그램과 드라마에서도 〈카페 할아버지공장〉을 배경으로 한 장면이 많이 등장한다.

▲ 폐타이어를 활용하여 멧돼지를 형상화한 작품　▲ 사람과 작품이 공존하는 2층

이곳의 음료와 메뉴 구성을 보면 커피와 디저트류를 포함해서 식사류까지 다양하다. 화덕 피자와 파스타, 샐러드가 제공되고, 식사와 함께 즐기기 좋은 주류 메뉴도 존재한다. 이곳에선 가볍게 커피를 한잔할 수도, 든든하게 식사할 수도 있다. 혼자 방문하여 여유롭게 시간을 보낼 수도, 일행과 함께 소소한 담소를 주고받으며 추억을 나누기도 좋은 장소다. 이곳은 다양한 사람의 취향과 니즈를 충족하는 포용성이 있다. 이런 이유로 재방문자가 많고, 공간을 중심으로 소소한 모임이 만들어지기도 한다.

〈카페 할아버지공장〉은 사람뿐만 아니라 다양한 상업·문화 활동에도 열려 있는 공간이다. 넓은 매장과 마당 덕분에 공연, 전시, 그리고 다양한 브랜드 활동이 열린다. 실제로 방문했을 당시, LG 팝업이 진행되고 있어 제품을 경험하고 행사에 참여할 수 있었다. 컬래버가 꽤 크게 진행되었음에도 본래 〈카페 할아버지공장〉의 아늑함에 행사의 활기참이 어우러져 특별한 분위기가 조성되었다.

　다른 날 방문한 〈카페 할아버지공장〉에는 많은 사람이 있었지만 넓은 공간 덕분에 여유롭고 한적하게 시간을 보낼 수 있었다. 팝업으로 시끌벅적했던 곳과 같은 장소로 느껴지지 않을 만큼 다양한 색채로 변화가 가능한 공간임을 직접 경험할 수 있었다. 문화와 사람이 공존하는 공간을 만들고자 했던 브랜드 미션이 잘 달성되고 있음을 알 수 있었다.

▲ LG 팝업 당시 2층 공간. 층고가 높아 가벽을 설치하더라도 답답함 없이 자연스럽다.

<카페 할아버지공장> 서울 성동구 성수이로7가길 9—

브랜드 콘셉트 : 공장이 떠나고 빈 자리를 채운 문화와 사람이 공존하는 복합
문화 공간

홈페이지 : http://gffactory.co.kr

인스타그램 : @grandpa.factory

>>> 3 <<<
자기다움에서 시작하는 브랜드 정체성

　요즈음에는 세계관이라는 표현이 낯설지 않다. 주로 게임이나 연예계 그룹에서 사용되던 '세계관'이 이제는 기업 활동, 심지어 개인의 SNS 계정에서도 흔하게 쓰인다. 특별히 브랜드에 있어 세계관은 상업광고로 지쳐 있는 소비자에게 브랜드를 긍정적으로 알리고 관계를 형성할 수 있는 마케팅 기법으로 화두가 되었다. 세계관과 스토리가 사람들에게 정보를 일방적으로 전달하기보다는 함께 즐기고 뛰어놀 수 있도록 만들기 때문이다.

　세계관을 형성하기 위해 가장 필수적인 것이 '자기다움'이다. 자기다움으로 우리 브랜드도 세계관을 형성할 수 있다. 브랜드가 가장 중요시하는 가치를 '브랜드의 철학'으로 삼고 고객에게 전달하고 싶은 '메시지'를 개발하는 것이 시작이다. 그리고 메시지를 오감 요소로 구현하여 고객에게 전달한다면, 브랜드의 세계관을 구축할 수 있다. 새로운 캐릭터가 있거나 완전히 새로운 스토리가 있어야만 세계관이 되는 것이 아니다. 우리의 철학을 고객이 가장 잘 느낄 수 있는 방법이라면 그것이 세계관의 시작이 될 수 있다. 성수동의 마지막 이야기는 다양한 세계관을 선보이고 있는 브랜드로 채웠다.

다음으로 넘어가기 전에 잠깐! 잘하고 있는 브랜드 사례에 너무 주눅들지 말자. 다시 말하지만, 우리의 철학을 다지는 것이 시작이고, 시작이 반이다. 멋들어진 아이디어보다, 흔들리지 않는 철학과 자기다움이 가장 중요하다.

취향이 세계관이 되는 편집숍
POINT of VIEW SEOUL / 로우로우 월드와이드 서울

편집숍은 소비자의 라이프스타일에 따라 상품을 소개하는 공간이다. 자기다움을 기본으로 하는 브랜드의 관점에서 개성에 집중하는 편집숍은 굉장히 주목할 거리가 많다. 브랜드의 성지, 성수동의 대표적인 편집숍을 통해 취향이 세계관을 만들어가는 사례를 확인해 보자.

〈POINT of VIEW SEOUL〉(이하 포인트오브뷰)는 종이와 필기류, 오브제 등 창작을 위한 일상의 문구를 접할 수 있는 편집숍이다. '창작의 장면에 존재하는 모든 도구를 조명한다.'는 메시지와 함께 3층에 걸쳐 다양한 문구와 오브제를 소개한다.

〈포인트오브뷰〉의 제품을 보고 있으면 마치 무언가 창조되는 공방에

와 있는 느낌이 든다. 나무 테가 선명한 테이블 위에 올려진 상품의 모습은 어떤 작가의 멈춰진 작업대를 연상시킨다. 사람의 손을 많이 탈 수밖에 없는 핸드메이드 제품이나 스태프에게 요청하여 구매하는 방식도 공방을 떠올리게 하는 요소이다. 깔끔하거나 퀄리티가 완벽하지 않은 상품에서 사람의 온기가 느껴지는 것은, 우리가 〈포인트오브뷰〉의 세계관에 이입했기 때문이다.

 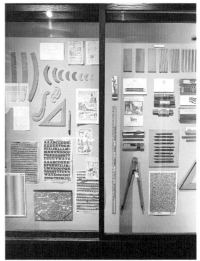

▲ 따뜻한 느낌이 가득한 포인트오브뷰 내부　　▲ 공방의 도구를 박제해 둔 듯한 모습

　이곳의 디스플레이는 펜으로 적고, 편지를 작성하고, 봉투를 실링 왁스(편지를 보낼 때 전송 과정에서 내용이 노출되지 않았음을 표시하기 위해 봉투를 밀랍으로 밀봉하는 도구)로 봉인하는 순간에 집중하고 있다. 상품을 진열하는 방식도 독특하다. 다양한 만년필을 한 섹션에 모아

　　　　　　　브랜딩 초보자를 위한 브랜드 산책노트

두기보다는 하나의 만년필을 중심에 두고, 관련된 도구와 함께 충분한
공간에 여유롭게 배치해 둔다. 이런 전시 방법은 바라보는 사람이 직접
창작의 순간에 참여하듯 자연스럽게 장면을 상상할 수 있도록 한다. 노
트를 펼치고 글을 적는 모든 순간을 상상하며 스스로 작가가 되는 기분
이다. 테이블 한쪽에 존재하는 한 자루의 만년필만으로도 〈포인트오브
뷰〉만의 세계에 빠져들어 구매욕이 생기는 경험을 할 수 있다.

▲ 창작의 순간을 떠오르게 하는 디스플레이

▲ 빈티지한 느낌의 핸드메이드 노트

〈로우로우 월드와이드 서울〉(이하 월드와이드 서울)는 〈로우로우〉의
편집숍으로 다양한 트립웨어 브랜드를 만날 수 있는 곳이다. '이동과 수
납'에 대한 고민을 고스란히 담은 〈로우로우〉의 캐리어부터, 편하게 입
을 수 있지만 빈티지 감성을 놓치지 않는 〈노티카〉의 후드, 창립자의 열
정과 아이디어가 번뜩이는 〈그라미치〉의 바지까지 여행을 좋아하는 사
람을 위한 아이템이 모여 있다.

▲ 트립웨어 대표 브랜드인 〈로우로우〉의 캐리어 제품. 무거운 짐을 편하게 옮기기 위한 방법을 고민하며, 50년 동안 변화가 없었던 캐리어의 손잡이를 바꾼 것이 특징이다.

▲ '여행'이라는 테마가 돋보이는 구역. 다양한 캠핑용품과 세계 주요 도시의 현재 시각을 보여주는 시계가 디스플레이 되어 있다.

이 브랜드가 특별한 이유는 여행이라는 콘셉트를 일상까지 확장한 세계관을 형성하고 있기 때문이다. 〈월드와이드 서울〉은 여행의 특성에 맞추어 공간의 고정적인 역할은 탈피하고, 이동성은 극대화했다. 노출 콘크리트로 인테리어를 최소화했고, 제품을 소개하는 모든 집기와 도구는 바퀴와 레일을 달아 자유롭게 이동이 가능하도록 했다. 파이프 프레임 선반을 사용하여 '경량성'과 '내구성'이 중요한 트립 브랜드의 제품 속성을 공간 안에 담았다. 화분조차 바퀴가 달려 있어 여행이라는 세계관에 충실하게 공간을 구성했다. 이곳의 시그니처인 무역 박스로 만든 의자는

브랜딩 초보자를 위한 브랜드 산책노트

여행 느낌을 담기 위해 네덜란드에서 직접 공수해 왔다.

〈월드와이드 서울〉은 여행을 일상 영역으로 확대하며 세계관을 완성했다. 경량성이 두드러지는 〈로우로우〉의 사이드 백, 편안함을 추구하는 〈VICTORIA SHOES〉와 같은 제품을 소개하며 트립 라이프의 정체성을 일상으로 확장한다. 트립 라이프를 추구하는 타깃의 취향이 일상으로 반영되며 고객은 자신의 정체성과 개성을 강조하게 된다. 이는 곧 자아실현과 연결되기 때문에 명확한 세계관은 니즈를 가진 타깃들의 충성도를 높이는 데 큰 영향을 준다.

▲ 모든 집기가 레일에 달려 있어 이동이 무척 자유롭다. 　▲ 네덜란드에서 공수해 온 무역 박스로 만든 의자

무엇보다 이곳을 운영하는 〈로우로우〉 운영진의 에너지가 돋보이는데, 밝고 활기찬 보이스 톤으로 고객과 상호작용하는 모습을 볼 수 있다. 오픈 이벤트로 보물찾기를 하거나 팝업을 통한 트렁크 커스텀 서비스를 제공하고, 꾸준히 기념행사를 오픈하는 등 고객과의 만남을 적극적으로 기획한다. 이들의 활기찬 에너지는 오프라인뿐만 아니라 온라인 커뮤니

케이션까지 연결된다. 〈로우로우〉의 제품을 사용하는 일상적인 모습을 공식 계정을 통해 허들 없이 공유하고 소통하며 고객과의 관계를 만들어 간다. 이런 소통 방법은 충성도 높은 팬을 만들고, 그런 팬을 중심으로 커뮤니티를 형성하며 브랜드를 풍성하게 만들어간다.

<POINT of VIEW SEOUL> 서울 성동구 연무장길 18 —

브랜드 메시지 : 창작자의 관점을 통해 바라본 창작의 장면에 존재하는 모든 도구를 조명합니다.
브랜드 슬로건 : A Curated Store for the Artistic Mind
홈페이지 : https://pointofview.kr
인스타그램 : @pointofview.seoul

<로우로우 월드와이드서울 성수점> 서울 성동구 성수이로7길 24 —

브랜드 콘셉트 : 집 떠나 바깥 놀이를 주로 하는 브랜드의 모임
브랜드 슬로건 : Live more (일상을 좀 더 쌩쌩하게 즐기자.)
브랜드 모토 : 세상 넓은 세상. 제일 젊을 때 나가 놀자.
홈페이지 : https://worldwideworld.kr
인스타그램 : @worldwideworld.kr

자기다움으로 펼치는 새로운 세계

디올 성수 / 아더 성수 스페이스

럭셔리 브랜드 〈DIOR〉과 컨템포러리 브랜드(좋은 품질과 고유의 디자인을 갖고 있는 준명품 브랜드) 〈ADER〉(이하 아더)의 플래그십 스토어가 화제를 불러일으키며 패션신(scene)의 새로운 가능성을 열고 있다. 브랜드 마을, 성수에서 자기다움을 중심으로 자신의 세계관을 펼쳐가는 두 브랜드가 오프라인 공간에서 고객과 소통하고 콘셉트를 표현하는 방법을 알아보자.

럭셔리 브랜드 〈DIOR〉의 콘셉트숍인 〈디올 성수〉는 화려한 외관과 새로운 브랜드 경험으로 성수의 랜드마크가 되었다. 유리온실이 떠오를 만큼 독보적인 외관은 파리 한복판에 와 있는 듯한 감성을 불러일으킨다. 성수동의 많은 브랜드는 오래된 건물을 그대로 살려 외관을 디자인했다. 그렇기 때문에 독립적인 규모로 강렬한 콘셉트를 보여주는 〈디올 성수〉의 건물은 유독 돋보인다. 몽테뉴가 30번지의 전설적인 외관을 연상시키는 화려한 외관은 시즌별로 바뀌는 다채로운 콘셉트로 풍경을 달리한다. 건물의 한가운데에는 크리스챤 디올이 행운을 상징한다고 믿었던 별이 설치되어 있고, 내부 정원에는 영원한 아름다움을 의미하는 장미가 심겨 있다(봄, 여름 시즌 한정). 건물 앞 골목은 SNS에 〈디올 성수〉 인증 사진을 올리기 위한 방문객으로 가득하다. 특히 저녁이 되면 화려하게 빛나는 조명은 이곳의 놓칠 수 없는 포인트이다.

▲ 새로운 콘셉트로 전환할 때마다 바뀌는 〈디올 성수〉의 외관

성수동은 다양한 팝업, 컬래버, 편집숍이 많은 지역이다 보니, 이곳을 방문하는 고객은 단순히 먹고 마시는 것을 넘어 브랜드를 경험하고 체험하는 것에 익숙해져 있다. 〈디올 성수〉 또한 브랜드를 보다 깊고 풍부하게 경험할 수 있도록 기획되어 있다. 백화점에서나 볼 수 있었던 〈DIOR〉이 맛집과 카페가 즐비한 성수동에 들어오면서, 고객은 더 친근하게 브랜드를 경험할 수 있게 되었다. 한정된 공간에 정해진 제품만 만날 수 있었던 한계를 넘어, 많은 종류의 제품을 〈디올 성수〉에서 한 번에 만날 수 있다. 또한, 런웨이가 아니라면 접하기 어려웠던 럭셔리 브랜드의 시즌 콘셉트를 누구나 경험할 수 있다. 이러한 브랜드 활동은 대중적 인지도를 높일 뿐만 아니라 기존과는 전혀 새로운 가치를 제공한다. 〈디

올 성수〉는 브랜드의 역사를 새로운 고객과 새로운 콘셉트의 만남으로 재해석해 내었다.

코로나를 겪으며 명품에 대한 타깃 또한 광범위해졌다. 〈디올 성수〉의 행보는 럭셔리 브랜드가 시대에 흐름에 따라 자신의 세계관을 어떻게 확장해야 하는지를 대표적으로 보여주는 사례이다.

◀〈디올〉의 2023 가을 컬렉션을 주제로 한 전시

〈아더 성수 스페이스〉에 입장하면, 가장 먼저 직원의 안내를 받고 대기 과정을 거쳐 입장을 시작한다. 운이 좋아 대기 줄 없이 들어가더라도 직원을 통한 잠깐의 기다림은 필수이다. 고객은 입구의 '싱크홀룸'에 머물며 운석이 떨어져 생긴 충돌의 장면으로 '차원의 균열'이란 메시지를 미리 경험하게 된다.

싱크홀룸을 지나면 우주와 우주인 영상을 담은 미디어아트가 등장한다. 이어서 모래, 돌, 물과 함께 우주인과 우주선을 표현한 설치미술이 엄청난 규모로 잇따라 등장한다. 우주선 내부를 재현한 '피팅룸'과 결제 공간을 신비롭게 구현한 '도킹룸'까지, '우주'를 키워드로 한 색다른 공간을 경험할 수 있다. 공간에 비치된 의류조차 조형물의 하나로 느껴질 만큼 획기적인 이곳의 콘셉트를 경험하다 보면, 이 브랜드가 콘셉트와 세계관에 얼마나 진심인지를 느끼게 된다.

▲ 몸과 머리가 분리되어 하늘을 날고 있는 우주인. 왼편 모니터에서는 우주인의 영상이 계속해서 재생된다.　　▲ 흐르는 물 위에 떠 있는 앞이 부서진 우주선

▲ 광활한 우주를 항해하는 우주선 콘셉트의 피팅룸

▲ 단일 동선에 따라 전시물을 모두 관람하고 나서야 볼 수 있는 〈아더에러〉의 제품. 전체 공간에 비해 제품 비중이 적어 보여 이것마저 전시 같다는 느낌을 받는다.

패션을 기반으로 한 문화 커뮤니케이션 브랜드, 〈아더에러〉의 핵심 가치는 모든 영역 간의 커뮤니케이션을 중시한 디자인이다. 이 브랜드는 제품을 판매하는 것에 앞서 고객과의 소통을 문화로, 디자인으로 전달하려 한다. 그리고 우리는 그런 〈아더에러〉의 방식에 열광한다. 사람들은 이렇게나 진심인 브랜드, 이렇게까지 완벽한 세계관을 구축할 힘이 있는 브랜드에 반하기 때문이다. 누가 이 브랜드의 행보를 기대하지 않을 수 있을까. 〈아더 성수 스페이스〉는 브랜드 세계관이 소비자를 팬으로 만들어가는 과정을 보여주고 있다.

<디올 성수> 서울 성동구 연무장5길 7 —

브랜드 콘셉트 : 〈DIOR〉의 유산과 미래를 연결하는 콘셉트 스토어

브랜드 모토 : "Women, with their intuitive instinct, understood that I dreamed not only of making them more beautiful, but happier too." Christian Dior.

홈페이지 : https://www.dior.com

<아더 성수 스페이스> 서울 성동구 성수이로 82 —

브랜드 콘셉트 : '균열'로 인해 차원의 경계가 무너지면서 새롭게 열리게 된 차원의 시공간

브랜드 슬로건 : but near missed things

홈페이지 : https://adererror.com

인스타그램 : @ader_error

공간의 구조로 달라지는 브랜드 감성

성수연방 / LCDC SEOUL

브랜드로 가득 찬 성수에서도 가장 브랜드가 밀집해 있는 곳이 복합 문화 공간이다. 〈성수연방〉과 〈LCDC SEOUL〉에는 여러 브랜드가 입점해 있어, 마을처럼 한 번에 다양한 브랜드를 경험할 수 있다. 성수의 대표적인 두 복합 문화 공간을 살펴보며 공간의 역할과 구조적인 차이가

브랜딩 초보자를 위한 브랜드 산책노트

보여주는 재미있는 감성의 격차를 설명한다.

〈성수연방〉은 1970년에 지어진 화학 공장을 보수하여 재탄생한 공간이다. 건물이 사용될 미래를 상상하며 시간과 주인, 용도가 변하더라도 변하지 않을 건축 요소에 집중하였다. 그 결과 탄탄한 구조 보강과 기존 건축물을 살린 골조 디자인이 탄생하였고, 시간이 지나도 건물의 본모습을 확인할 수 있게 되었다. 〈성수연방〉은 붉은 벽돌과 테라스, 분홍빛 기둥이 특징이다. 그리고 건물 구조가 ㄷ자를 이루고 있어, 유럽형 광장을 떠오르게 한다. 덕분에 매장마다 바닥재와 내부 인테리어가 모두 달라 독립성을 띠면서도 전체적인 건물은 형태적 통일성을 가지게 되었다.

▲ 두 건물 사이가 1층 건물로 연결되어 ㄷ자 구조를 이루고 있는 〈성수연방〉

〈성수연방〉에는 개성 강한 브랜드가 입점해 있다. 〈띵굴〉의 첫 오프라인 매장인 띵굴스토어와 순수한 원재료로 만든 수제 캐러멜 전문점 〈인덱스 카라멜〉, 유리온실로 매력적인 분위기의 카페 〈천상가옥〉, 미국 브런치의 감성 팬케이크 〈메이플탑〉 등 자기다움이 뚜렷한 브랜드가 가득하다. 이렇게 독립적인 브랜드가 모인 〈성수연방〉이 하나의 커뮤니티로 느껴질 수 있는 것은 깊이 있는 고민과 철학이 있었기 때문이다.

무엇보다 이곳의 중정은 건물의 중심에 위치하여 브랜드를 아우르는 역할을 한다. 중정은 사람이 모이고 교류할 수 있도록 개방된 공간이다. 고객이 어떤 브랜드를 방문했는지와 상관없이 여러 사람이 모여 공간의 활기를 더한다. 또한 정원에 서서 둘러싸인 건물을 바라보면 입점한 브랜드를 모두 볼 수 있다. 마치 마을의 '중앙공원'처럼 모든 브랜드가 공동으로 소유하고, 함께 누리는 공간으로 조성되었다. 이런 공유 지대가 브랜드 간의 연관성, 통일성, 유대감을 전달하는 감성적 역할을 담당한다.

▲ 건물 가운데 있는 중정은 브랜드를 서로 엮어주어 말 그대로 '연방'처럼 보이게 한다.

그에 반해 〈LCDC SEOUL〉은 비교적 독립적이고 모던한 현대식 건축물의 느낌을 준다. 자동차 공업사 부지였던 공간을 중정을 둘러싼 세 건물(A동, B동, C동)로 재건축하였고, 1층을 제외한 모든 건물을 외벽으로 덮었다. 그래서인지 입점한 매장보다는 깔끔하고 심플한 건물의 내 · 외벽이 훨씬 도드라져 건물이 브랜드를 감싸고 있는 느낌이다.

▲ 거대한 외벽으로 둘러싸인 〈LCDC SEOUL〉의 모습

▲ 3층 도어스 공간. 브랜드가 복도를 통해 하나로 이어져 있다. 인센스, 문구류 등 정적이고 고요한 분위기의 매장이 모여 있다.

 이곳에는 일상과 밀접한 다양한 스몰 브랜드가 입점해 있다. 편지와 관련된 종이와 펜을 제공하는 〈글월〉, 은빛 사막을 연상시키는 주얼리 〈DEWY DESSERT〉, 지속 가능한 비누 〈한아조〉, 소소한 하루를 담은 노트 〈요안나〉 등 9개 이상의 브랜드가 있다. 그리고 이 브랜드는 각자 저마다의 일상을 정의하고 있다. 〈LCDC SEOUL〉은 각각의 이야기를 가진 브랜드가 모여 하나의 이야기로 완성되기를 바라며 설계되었다.

 특히나 3층 '도어스'에는 6개 브랜드와 팝업 공간으로 이루어져 있는데, 길게 이어진 복도를 따라 서로 다른 브랜드가 입점해 있어 브랜드만의 콘셉트로 펼쳐지는 세계관을 경험할 수 있다. 이곳에 입점한 브랜드는 유독 정적인 분위기를 가진다. 서로 복도를 공유하다 보니 각 브랜드가 서로를 배려하며 차분한 분위기를 만들어냈다. 그 덕에 문을 열고 들어서는 순간 각 브랜드의 제품과 스토리에 깊게 빠져들 수 있다. 마치 하

브랜딩 초보자를 위한 브랜드 산책노트

나의 단편 모음집처럼 각자의 스토리를 담은 브랜드가 하나의 책(건물)에 모여 있는 모습이다.

〈LCDC SEOUL〉의 중정 역시 이곳의 시그니처 역할을 하는데, 재미있게도 〈성수연방〉의 중정과는 확연히 다른 느낌을 전한다. 〈성수연방〉의 중정이 둘러앉아 이야기를 나누고 여유를 즐기는 마을의 중앙공원 같다면, 〈LCDC SEOUL〉의 중정은 도시의 시그니처를 담당하는 '중앙 광장' 같다. 전반적으로 건축을 현대적으로 디자인하며 중정을 '건물의 상징'으로 독립적인 역할을 부여해 놓았기 때문이다. 이곳을 방문한 사람들이 중정에서 인증 사진을 찍는 것은 우연이 아니다.

▲ 모던하고 차가운 느낌의 콘크리트 벽과 그 사이의 중정. 외벽 너머에서 들어오는 햇살이 중정을 따스하게 밝히고 있다.

〈성수연방〉과 〈LCDC SEOUL〉은 입점 브랜드를 담은 복합 문화 공간으로 브랜드가 된다. 두 곳은 개인 브랜드가 독립적으로 진행하기 어려운 규모적인 고객 가치를 전하고 있다. 다양한 색채의 사람과 브랜드를 모아, 시간과 역사를 뛰어넘어 전달하는 공간의 이야기를 직접 경험해 보길 바란다.

〈성수연방〉 서울 성동구 성수이로14길 14 —
브랜드 콘셉트 : 각자의 개성과 능력, 이야기를 가진 구성원이 모인 생활 문화 소사이어티 플랫폼
브랜드 슬로건 : Society, Culture & Lifestyle
홈페이지 : https://sites.google.com/view/ssyb
인스타그램 : @seongsu_federation

〈LCDC SEOUL〉 서울 성동구 연무장17길 10 —
브랜드 콘셉트 : 저마다의 이야기를 가진 크고 작은 브랜드가 모인 공간 플랫폼
브랜드 슬로건 : Story of Stories (이야기 속의 이야기)
홈페이지 : https://lcdc-seoul.com
인스타그램 : @lcdc.seoul

브랜딩 초보자를 위한 브랜드 산책노트

온라인 브랜드의 오프라인 확장
무신사 테라스 성수 / 공간 와디즈

성수에는 하루에도 수십 개의 팝업이 열린다. 대부분 빈 매장, 혹은 팝업용 임대 공간에서 이루어지기 때문에 팝업이 없는 기간에는 빈 공간도 많다. 이런 아쉬움을 해소해주듯 자신의 브랜드를 유지하면서도 새로운 브랜드와의 팝업을 통해 이목을 사로잡는 〈무신사 테라스 성수〉(이하 무신사 테라스)와 〈공간 와디즈〉를 소개한다.

〈무신사 테라스〉는 남자의 온라인 편집숍으로 인지도를 확산시킨 〈무신사〉가 입점 브랜드의 팝업을 지원하기 위해 시작된 공간이다. 현재는 입점 브랜드 외에도 다양한 브랜드와 협업을 진행한다. 오랫동안 이곳은 브랜디드(branded) 카페를 표방하며 팝업이 열리지 않는 동안은 카페로 운영했다. 그리고 팝업 기간에는 컬래버를 위한 메뉴를 선보였다. 현재는 브랜드와의 컬래버에 집중하며 카페 운영을 중단하였지만, 지금처럼 사람이 모이는 공간이 될 수 있었던 비결은 다름 아닌 카페에 있다.

◀ 깔끔하고 정적인 〈무신사 테라스〉. 이런 인 테리어는 어떤 팝업이 열리더라도 자연스럽게 흡수하는 효과가 있다.

　〈무신사〉는 '입점 브랜드'와 제품을 찾는 '고객'이 있어야 운영이 가능한 온라인 플랫폼이다. 이런 정체성은 오프라인 공간에도 그대로 반영되어, 팝업을 진행할 브랜드와 고객이 만날 수 있도록 〈무신사 테라스〉를 기획했다.

　〈무신사 테라스〉가 운영했던 카페의 음료 퀄리티가 꽤 높았다. 운영 매니저의 친근감 있는 대응 또한 공간의 생동감이 느껴지는 포인트였다. 팝업이 없더라도 이 공간이 카페라는 정체성으로 존재를 단단히 했기 때문에, 언제든 방문자(고객)를 맞이할 수 있었다. 고객에게 공간의 존재 이유를 분명하게 인지시킨 후, 본격적으로 브랜드와 고객의 만남을 주도했다. 또한, 〈무신사 테라스〉는 어떤 브랜드든 이 공간에서 자신의 색을

　브랜딩 초보자를 위한 브랜드 산책노트

입힐 수 있도록 했다. 공간 내 집기는 최소화되었고, 통창과 거울을 이용하여 심플하면서 개방성이 높은 공간을 만들었다.

어떤 브랜드도 들어올 수 있고, 고객이 공간을 찾고 싶게 만들어 주는 것이 바로 플랫폼의 본질이다. 〈무신사 테라스〉는 온라인 중심의 플랫폼이 오프라인에서 브랜드와 고객을 연결시킨 성공적인 사례이다.

▲ '누누씨네 문방구' 팝업. 체험 활동, 굿즈 판매, ▲ 2024년 봄 시즌 팝업
작가 사인회가 이곳에서 모두 이뤄졌다.

〈와디즈〉는 크라우드펀딩 플랫폼으로, 이전에는 없었던 새로운 제품과 서비스를 지원하는 브랜드이다. 브랜드의 사용자를 지칭하는 '서포터'는 새로움에 대한 호기심과 후원의 즐거움으로 펀딩에 참여한다. 〈공간 와디즈〉는 검증되지 않은 제품을 펀딩해야 하는 서포터의 불편을 해소하기 위해 시작되었다. 오프라인 공간에서 펀딩 제품을 직접 확인하고 구매할 수 있도록 기획되었다. 그러나 〈와디즈〉의 많은 서포터가 펀딩에 대한 불안함보다는 설렘과 기대로 즐거움을 느끼고 있었기 때문에, 〈공간 와디즈〉의 첫 시작은 본래 브랜드의 성격과 다소 상충된 면이 있었다.

▲ 〈공간 와디즈〉의 입구와 메이커 제품으로 구성된 1층 공간. 간판부터 포스터까지 모두 〈와디즈〉 글씨체가 쓰였다.

그러나 최근 〈공간 와디즈〉가 메이커 외에 다양한 브랜드 팝업을 진행하며 새로운 가능성을 열기 시작했다. 기존 〈와디즈〉 고객의 니즈가 팝업 컬래버와 잘 맞아떨어지면서 〈공간 와디즈〉의 정체성이 뚜렷해진 것이다. 〈와디즈〉는 이전에 없던 새로운 제품을 기대하는 고객의 니즈로 성장했다. 그리고 브랜드 팝업 컬래버는 한정성 이벤트로서 새로움을 찾는 고객에게 즐거움을 선사한다. 자연스레 온라인과 오프라인을 통합하여 동일한 가치를 제공하게 된 것이다.

온라인 브랜드가 오프라인으로 확장할 때는 브랜드의 정체성과 타깃을 기반으로 각 채널의 역할이 상호 보완되어야 한다. 그런 점에서 〈공간 와디즈〉의 컬래버 전략은 〈와디즈〉의 정체성과 〈공간 와디즈〉만의 필요 성이 적절히 부합한 좋은 사례이다. 이전에는 오프라인 공간이 온라인 플랫폼을 보완하는 역할일 뿐이었다면, 이제는 팝업을 통해 오프라인만 의 독립적인 역할이 더해져 상호 보완적 관계를 갖추게 되었다. 공간을 방문한 〈공간 와디즈〉의 고객이 진행 중인 온라인 펀딩에도 자연스럽게 노출되며 전환 가능성이 높아졌기 때문이다.

▲ '미토피아 X CUCHEN' 팝업. 1층에는 〈와디즈〉 펀딩 제품이 전시되어 있고, 별관과 2층에는 팝업 이 열린다. 별관과 2층의 사이인 1층 공간에는 팝업으로 유도된 사람이 자연스레 유입된다.

〈무신사〉, 〈와디즈〉 두 브랜드는 모두 혁신적인 플랫폼을 통해 다양한 브랜드와 소비자를 연결하며 성장했다. 온라인에서 새로운 아이템과 브랜드를 통해 고객에게 새로운 콘텐츠를 제공하던 두 브랜드가 이제는 오프라인 팝업을 통해 동일한 가치를 전달하고 있다. 온라인을 넘어 오프라인으로 정착한 두 브랜드의 성공 사례는 많은 온라인 브랜드가 참고해야 할 인사이트를 전달한다.

<무신사 테라스 성수> 서울 성동구 아차산로 104, 3층 ─
브랜드 콘셉트 : 다채로운 경험을 선사하는 패션 문화 편집 공간
인스타그램 : @musinsaterrace

<공간 와디즈> 서울 성동구 연무장1길 7-1 ─
브랜드 콘셉트 : 와디즈 메이커와 서포터의 소통과 연결의 장이자 취향을 찾고 영감을 받을 수 있는 공간
브랜드 메시지 : 다채로운 경험으로 어제와 조금 다른 오늘을 제안합니다.
홈페이지 : https://spacewadiz.com
인스타그램 : @gonggan_wadiz

>>> 4 <<<
성수에서 돌아오며

글을 마치며

봄, 여름, 가을, 겨울에 걸쳐 성수를 방문할 때마다 브랜드 자체로, 브랜드의 새로운 도전으로, 각종 브랜드 컬래버로 풍성해지는 지역과 브랜드 활동을 관찰했다. 성수동은 동네 전체가 마치 사람처럼 자기다움이 뛰어난 브랜드로 채워진, 말 그대로 '브랜드의 마을'이다. 언제 방문해도 새로운 이곳의 활력과 즐거움을 경험해 봤다면 성수동의 매력에 빠질 수밖에 없다. 자기다움의 깊이를 쌓아가는 브랜드, 새로운 모습으로 재창조되는 브랜드, 기발한 방식으로 고객과 새로운 소통을 시도하는 브랜드가 이곳에 있다. 이들이 성수를 브랜드의 성지로 만들고 있다. 앞으로도 계속해서 새로운 브랜드가 생겨날 성수의 이야기가 기대된다.

비하인드 인터뷰
이 브랜드는 뭔가 달라

한남과 용산, 성수까지 방문하며 정말 많은 브랜드를 보았다. 특히 성수는 개성이 강한 브랜드가 많아, 좁은 지역 안에서 수많은 브랜드가 경쟁하고 있었다. 이런 포화 상태에서도 소비자에게 폭발적으로 사랑받는 브랜드가 있다. 그 브랜드는 뭐가 다른 걸까?

브랜드 초보 April(프릴)이 브랜드 전문가 Aileen(에일린)과 하는 인터뷰.

성수 방문을 바탕으로, 브랜드에 차별성이 필요한 이유와 차별화하는 방법에 대해 논한다.

브랜드에서 차별화란?

April. 벌써 한남, 용산, 성수까지 다녀왔네요! 성수는 정말 힙하고 세련된 곳이었어요. 사람이 많아도 여유로운 분위기의 한남과 낮에는 한적했던 용산이랑은 다르게 항상 사람이 바글바글했고요.

특히 유독 콘셉트가 분명한 매장이 많다고 느꼈어요. 성수에 입점해 있는 브랜드는 오히려 생존하기 정말 어렵겠다는 생각이 들 정도로요. 이렇게 치열한 곳에서 브랜드가 사랑받으려면 어떻게 해야 하나요?

Aileen. 고객에게 사랑받기 위해서는 진정성을 기반으로 한 차별성

　　브랜딩 초보자를 위한 브랜드 산책노트

이 필요해요. 세상에는 백양백색의 브랜드가 존재해요. 고객이 원하는 건 대부분 이미 상품화되어 있어요. 이런 포화 시장에서 고객에게 선택받기 위해서는 차별성이 필요해요. 한 끗 다름이 매력적이라고 느껴질 때 고객의 선택을 받기 수월해지거든요. 물론 성수에는 한 끗 다름의 수준을 뛰어넘는 멋진 브랜드가 많지만요.

다만, 무조건 다르고 새롭기 위한 차별화는 조심해야 해요. **브랜드의 정체성을 근간으로 한 차별화, 고객의 니즈에 부합하는 차별화**를 해야 해요. 그래야 운영하는 브랜드가 지속할 수 있고, 고객도 브랜드에 공감할 수 있어요. 공감이 가지 않는 브랜드의 가치는 고객에게 외면당할 수 있답니다.

성수에 있는 브랜드는 특색이 굉장히 뚜렷하면서도 남을 따라 한다기보다 자신만의 차별화된 지점이 뚜렷한 편이에요. 자신의 정체성을 가지고 고차원적으로 표현하는 곳도 많고요. 성수에 자리한다는 것만으로도 브랜드에서는 고민과 노력이 필수적인지, 관록이 짙은 곳이 살아남은 것인지는 모르겠지만 고객으로서는 즐거운 현상이죠.

April. 오, 확실히 성수의 브랜드가 다 특색 있었죠. 차별성이 생존 비법인 것까지는 이해됐어요. 그런데 얼마나 달라야 차별성이 있는 건지는 잘 모르겠어요. 차별성 있는 브랜드를 몇 개만 예시로 말씀해 주실 수 있나요?

Aileen. 예를 들면 〈포인트오브뷰〉는 문구를 판매하는 브랜드인데, 상품을 진열하는 게 아니라 전시하듯 보여줘요. 사용하는 순간을 상상할 수 있도록요. 우리가 일반적으로 문구점에서 문구류를 구매하는 것과는 차별화된 경험이죠. 〈와디즈〉도 새로움을 찾는 브랜드의 기존 고객이 가진 니즈를 채우기 위해 〈공간 와디즈〉에서 브랜드 컬래버라는 새로운 경험을 제안하고 있어요. 〈디올 성수〉는 백화점의 한정된 영역을 벗어나 다채롭고 강력한 〈DIOR〉 색깔, 시즌 메시지를 전달하는 공간을 구현해 내고 있어요. 심지어는 이런 깊이 있는 새로움에 반한 고객이 얼마나 많은 건지, 너무 사람이 많이 몰리는 바람에 〈대림창고〉 같은 경우는 브랜드의 메시지를 느끼기 어려운 불상사가 일어날 정도예요.

April. 아하! 차별화라는 게 꼭 엄청나게 달라야 하는 건 아니군요. 같은 문구류도 진열 방법만 다르게 해서 차별화할 수 있다는 게 신기하네요.

◀ 작품 전시 같이 느껴지는 〈포인트오브뷰〉의 디스플레이

브랜딩 초보자를 위한 브랜드 산책노트

프랜차이즈여도 차별성을 만들 수 있나요?

April. 〈오늘와인한잔〉은 전국에 체인점이 있잖아요. 저도 집 근처 〈오늘와인한잔〉에 가본 적이 있거든요. 그런데 〈오늘와인한잔 성수 가든점〉(이하 성수가든점)과는 분위기가 많이 달랐어요.

이전 인터뷰에서 브랜드는 일관성 있게 자신의 메시지를 전해야 한다고 하셨잖아요. 그래서 저는 체인점끼리 콘셉트나 분위기가 달라지면 브랜드의 일관된 이미지를 해치는 게 아닐지 생각했어요. 체인점은 같은 브랜드에서 운영하는 거니까 최대한 똑같이 만들어야 하는 게 아닌가요?

Aileen. 꼭 그렇지만은 않아요. 브랜드가 가지고 있는 고유한 가치와 아이덴티티를 중심으로 차별화한다면, 보이는 모습은 다르더라도 고객이 느끼는 브랜드의 이미지는 동일하게 유지할 수 있어요. 심지어 〈아더 스페이스〉나 〈젠틀몬스터〉는 매장마다 콘셉트를 완전히 새롭게 설계해 두었어요.

〈성수가든점〉도 마찬가지예요. 〈성수가든점〉의 인테리어나 메뉴가 다른 지점과는 다른 부분이 있지만, '지친 일상에 와인 한잔으로 위로를 전하고 싶다.'라는 철학 안에서 일관된 맥을 가지고 있어요.

April. 그동안 일관성에 너무 집중해서 다른 콘셉트로도 일관된 철학을 전할 수 있다는 건 생각도 못 했네요. 너무 신기해요! 사실 저는 인테리어가 다르다는 것밖에 못 봤는데, 혹시 〈성수가든점〉이 다른 지점과 차별화된 지점을 더 얘기해 주실 수 있나요?

Aileen. 이곳의 차별점을 꼽자면 낮에도 칵테일을 판매하는 가드닝 콘셉트라는 거예요. 원래 〈오늘와인한잔〉은 와인 펍인데, 여기는 와인 카페로도 활용되는 거거든요. 그래서 다른 지점은 보통 오후 4~5시에 오픈하는 반면, 〈성수가든점〉은 12시 반에 오픈해요. 저도수의 와인, 상그리아, 무알코올 음료로 낮에도 부담 없이 즐길 수 있는 주류 문화를 카페의 형태로 제공하는 거죠. 이렇듯 보이는 것이 다르더라도 〈오늘와인한잔〉이 '일상에 위로를 전한다'는 가치를 공유하고 있는 거죠.

◀ '가든' 테마로 꾸며진 내부. 와인 카페 콘셉트에 잘 어울린다.

기존 브랜드가 플래그십 스토어를 기획할 때 중요한 건 무엇인가요?

April. 〈아모레 성수〉는 기대가 컸던 탓인지 개인적으로 조금 아쉬웠어요. 더 적극적으로 〈아모레〉를 체험할 수 있길 기대했는데, 예상보다 체험의 요소가 부족해서인지 일반 화장품 가게와 차이점이 뭔지 잘 모르겠더라고요.

아쉬운 마음에 〈아모레 성수〉의 소개를 찾아봤어요.

"공장 지대였던 성수동의 로컬 분위기를 고스란히 담고 있는 이곳은, 오랜 시간 동안 고장 난 자동차가 제대로 작동하도록 보살피고 손질하는 공간이었습니다. 우리는 거칠지만 세월을 견디며 고유의 멋으로 충만한 이곳에서, 모든 분께 전해드리고 싶은 '본연의 아름다움'에 대한 이야기를 정성스럽게 준비했습니다."

"모든 분께 전해드리고 싶은 '본연의 아름다움'에 대한 이야기"…. 화장품 브랜드니까 맞는 것 같기도 하고, 잘 모르겠기도 해요. 에일린은 〈아모레 성수〉가 어떠셨나요?

Aileen. 〈아모레 성수〉는 저도 개인적으로 아쉬운 점이 있는 것 같아요. 〈아모레 성수〉가 처음 오픈했을 때는 공간 매니저가 공간이 기획된 의도를 설명해 주고 손을 씻고 제품을 사용해 보는 시스템으로 브랜드 메시지를 경험할 수 있었어요. 4년이 지난 지금은 공간에 붙어 있는 설명은 그대로지만, 방문객을 챙기는 시스템이 사라져 경험의 의미가 많이 사라진 것 같아요. 오픈 당시에 수액 용기에 담겨 있던 무색무취의 '성수 토너'도 사라졌고요. 센스 있는 제품 기획이라고 생각했는데…. 다른 곳과 차별화되는 〈아모레 성수〉만의 요소가 없어진 점이 아쉬움의 원인인 것 같아요.

April. 그렇게 들으니, 예전의 〈아모레 성수〉는 정말 브랜드를 체험하기 좋았겠다는 생각이 드네요. 개인적으로 입구에 클렌징룸이 있어 손을 씻거나 화장을 지울 수도 있다는 점이 신선했는데, 아무래도 꼭 해야 하는 분위기는 아니어서 씻는 것이 망설여졌어요. 여기서 모두 동일하게 행동한다면 몰라도 저만 씻기에는 부끄럽더라고요. 클렌징룸 기획 자체는 좋은 것 같은데…. 제대로 쓰이지 못하는 것 같아 아쉬워요.

Aileen. 획기적인 기획이 꾸준히 의미를 갖고 살아 숨 쉬게 하기 위해선 **지속 운영할 수 있는 힘이 필수적**이에요. 결국 브랜드라는 건 고객과의 꾸준한 관계 형성인데, 지속성이 뒷받침되어야 진정성이 전달되고 콘셉트를 고착화하여 포지셔닝이 가능해지거든요. 우리 회사가 새로운 고객 경험을 준비하기 전에 운영할 수 있는 여력이 있는지 먼저 점검하는 것도 이런 이유예요.

▲ 간단히 손을 씻거나 세안을 할 수 있는 공간, 클렌징룸(Cleansing Room). 자율적으로 체험이 가능하다.

새롭지만 싫지 않게 만드는 법

April. 다음은 〈뚝도농원〉에 대해 이야기하고 싶어요. 〈뚝도농원〉은 성수에서 되게 핫한 오리고깃집이라는데, 여기가 브랜드인지 아닌지 궁금했거든요. 인테리어가 아무리 화려해도 '고기'가 메인이잖아요. 기본적인 고기의 맛은 다 비슷하니까 차별화하기 어렵지 않을까요?

Aileen. 맞아요. 아직 음식 업계의 브랜딩이 소비자에게 갖는 한계가 있다고 생각해요. 최근 배를 타고 들어가서 화제가 된 〈살라댕템플〉의 경우도 '이동 거리에 비해 배가 느려 답답하다.'던가, '음식의 가성비가

떨어진다.'라는 등 브랜드의 경험적 요소를 배제한 '음식'만을 기준으로 실망하는 평이 보이더라고요. 이런 현상을 보면 음식 업계 브랜딩의 한계를 느껴요.

그럼에도 〈뚝도농원〉은 고객과의 줄타기를 꽤 잘하는 것 같아요. 고객이 가장 중점으로 생각하는 음식의 본질은 유지한 채 콘셉트와 부수적인 요소를 차별화하는 형식이에요. 간단히 말하면 '오리고기'라는 기존의 익숙한 음식의 형태는 유지한 채, 밑반찬에 색다른 시도나 매장의 인테리어와 운영진을 힙하게 구상하여 익숙한 듯 새롭게 만든 거죠. 이렇게 카테고리의 유사성(POP: Point of parity)을 바탕으로 속성을 차별화(POD: Point of difference)하는 것이 브랜드가 고객과 줄타기하는 과정이에요.

April. POP랑 POD는 저도 들어봤어요! 책으로만 보던 개념이 실제 매장에 적용된 걸 보니까 신기하네요. 그래도 음식 업계에서 완전히 새롭고 혁신적인 브랜딩을 하는 건 아직은 한계가 있겠죠?

Aileen. 저는 앞으로도 〈살라댕템플〉과 같이 다양한 고객 경험을 시도하는 요식업 브랜드가 많아진다면 좋겠어요. 유명한 디자이너의 브랜드만 추앙받아온 패션 업계에도 이제는 디자이너의 명성을 넘어 브랜드 활동이 영향을 미치기 시작한 것처럼요. 언젠가는 음식 업계에도 다양한 브랜드 경험을 긍정적으로 받아들이는 날이 올 수 있지 않을까요?

브랜딩 초보자를 위한 브랜드 산책노트

▲ 겉으로는 허름해 보이는 〈뚝도농원〉

▲ 외부와 달리 굉장히 힙한 내부 공간. 오리 고깃집이라고는 생각하기 어려운 내부 분위기.

브랜드 초보 April의 후기

　브랜드가 차별성이 있어야 선택받는다는 건 소비자 입장에서도 느껴지기 때문에 알고는 있었어요. 하지만 기존 카테고리에서 완전히 벗어난, 혁신적인 제품 정도는 되어야 차별적인 것으로 생각했어요. 어디부터 어디까지인지가 차별성인 건지는 모르겠더라고요.

　오늘 인터뷰를 하고 배운 건 다른 브랜드와의 아주 작은 차이로도 고객은 다르다고 느끼는 거였어요! 들으면서는 정말 그럴지 의아하기도 했는데, 제 경험을 생각하니까 오히려 당연하더라고요. 김 하나를 고르더라도 괜히 '두 번 구운 김'을 사고 싶어지니까요.

　이 책을 읽고 계신 여러분도 좋아하는 브랜드만의 특별한 지점을 발견하시길 바라며, 세 번째 비하인드 인터뷰를 마칩니다.

April이 뽑은 성수동의 브랜딩 비밀!

1. 개성 강한 정체성에 기반한 비범한 브랜드 활동은 트렌드를 이끈다.
2. 브랜드의 세계관은 고객을 브랜드의 팬이 되도록 돕는다.
3. 차별화도 식당처럼 익숙한 카테고리가 바탕이 되면 어색하지 않고 신선하게 다가온다.

4장 >>>

지역을 살리는 브랜드,
신사동 가로수길

신사동 가로수길은 패션과 예술의 성지로, 인산인해를 이루던 지역이다. 강남 상권 중 비교적 저렴한 가로수길에 재능 있는 예술가와 패션 업계 사람들이 모여들었다. 작은 2차선 길을 중심으로 창의적인 활동이 일어났고, 신사동만의 트렌디하고 예술적인 감성이 생기기 시작했다. 신사동에는 20년 전부터 각종 편집숍과 팝업스토어 등 브랜드의 다양한 시도가 있었다. 그리고 플리마켓도 자주 열려 새로움을 찾는 고객에게 늘 즐거움을 주는 지역이었다.

하지만, 최근 지속되는 젠트리피케이션과 전 세계를 강타한 코로나를 겪으며 많은 브랜드가 지역을 떠났다. 활기찼던 가로수길의 공실이 지속되고 붐비던 도로는 한산해졌다. 그럼에도 과거 신사동의 역사와 추억을 기억하며 희망의 불씨를 지피고 있는 브랜드가 있다. 가로수길의 브랜드를 살펴보며 지역과 브랜드의 관계에 관해 이야기해 보고자 한다.

사람을 부르는 힙 브랜드

흔히 MZ세대라 불리는 타깃을 중심으로 화제가 되는 힙한 브랜드가 있다. 이미 소개한 〈아더 스페이스〉, 〈누데이크〉와 같이 파격적인 콘셉트로 화제를 일으킨 브랜드이다. 이런 브랜드는 자신의 강력한 브랜드 력으로 지역에 활기를 더한다. 바이럴이 일상이 된 MZ세대를 중심으로, 고객을 브랜드가 위치한 지역으로 모으기 때문이다. 유입된 고객은 해당 브랜드뿐만 아니라 다른 브랜드에도 방문하며 지역 상권을 활성화한다. 그뿐만 아니라 브랜드의 이미지를 지역의 이미지에 연결하여 긍정적인 영향을 끼친다. 그렇기 때문에 힙한 브랜드가 지역에 많이 존재하면 지역 상권을 지속하는 데 도움이 된다. 가로수길에 새로운 고객을 모으고 있는 힙 브랜드를 살펴보자.

소비의 기준이 된 콘셉트

나이스웨더 마켓

'신개념 백화점'을 추구하는 〈나이스웨더 마켓〉(이하 나이스웨더)은 의류와 식품, 라이프스타일과 관련된 다양한 카테고리 제품으로 채워진 새로운 형태의 편집숍이다. 이전에는 더 작은 공간에서 '신개념 편의점'을 콘셉트로 오픈하였으나, 현재는 브랜드 단위로 매장을 구성하며 '신개념 백화점'으로 공간과 규모를 확장했다.

〈나이스웨더〉에 들어서면 볼 수 있는 카운터(Cashier)는 초창기 〈나이스웨더〉의 '편의점' 모습을 유지하고 있는 곳이다. 우리에게 친숙한 한국 편의점보다는 왠지 모르게 미국 편의점 느낌에 가깝다. 실제로 수입 제품이 많기도 하지만, 〈나이스웨더〉 자체 상품도 선명한 파란색에 영문 로고가 돋보이는 패키지를 사용했기 때문이다. '있어 보이는', '힙한' 감성이 보통의 편의점과 백화점에서는 느끼지 못했던 브랜드 개성을 전달하고 있다.

▲ '淸陽(청양. 날씨가 맑고 화창하다.)'이라는 말과 어울리는 새파란 간판. 입구에 'HAVE A GOOD DAY'라고 적힌 문구가 반겨준다.

　〈나이스웨더〉는 '편의'의 의미를 재해석하며 시작한 브랜드이다. 편의점에서 소소하지만 즐거움을 느끼던 과거의 기억을 추억하며 새로운 시대에 맞는 편의를 정의했다. 〈나이스웨더〉가 정의하는 '편의'란 Needs(필요)보다는 Wants(선호)에 가깝다. 필요한 제품보다는 가지고 싶은, '선호의 편의'를 제공하는 편의점이다. 지금은 규모를 확장하여 백화점의 개념으로, 더 넓어진 라이프스타일을 아우르고 있다.

　〈나이스웨더〉 매장에는 식료품은 물론이고, 도서 · 잡지, 인센스, 캠핑용품과 의류 브랜드까지 새로운 세대가 좋아하는 물품들로 채워져 있다. MZ세대들이 좋아하고 즐기는 문화를 대변하는 브랜드로, 이곳에서 트렌드를 읽을 수 있을 정도이다. 최근에는 환경을 생각하는 소비문화를 반영한 개성 있는 친환경 브랜드가 많이 입점해 있다.

▲ 〈나이스웨더〉의 자체 브랜드 〈YIN AND YANG〉. 매장에 들어가면 거의 정면으로 볼 수 있다. 〈나이스웨더〉의 개성을 보여주는 브랜드 중 하나이다.

▲ 프렌치 빈티지 무드의 다양한 라이프스타일 제품을 판매하는 〈세실 앤 세드릭〉

▲ 백화점 브랜드관처럼 브랜드에 맞는 테마로 각 구역이 꾸며진 모습

브랜딩 초보자를 위한 브랜드 산책노트

우리는 단순한 일상재의 구매 기능을 벗어나 문화를 일상재로 소비하는 시대에 살고 있다. 흥미와 즐거움이 소비의 기준이 되었고, 새로운 세대는 기꺼이 관심을 쏟을 브랜드와 문화를 찾고 있다. 이 지점이 〈나이스웨더〉가 말하는 '편의'의 개념이다. 요즘 세대의 관심을 기준으로 브랜드를 선택하고 제품을 선보이며 문화적 소비의 편의를 제공하는 것, 그것이 〈나이스웨더〉가 시대의 변화를 충족하고 리드하고 있는 방법이다.

〈나이스웨더 마켓〉 서울 강남구 강남대로162길 35, 1층 ─
브랜드 콘셉트 : 문화적 소비를 지향하는 현세대의 신개념 백화점
브랜드 메시지 : 우리 세대의 욕구를 채움으로써 마음속의 화창한 날씨가
이어지길 기원합니다.
홈페이지 : https://niceweather.co.kr
인스타그램 : @niceweather.seoul

프리미엄 브랜드의 대중화

올드페리도넛

처음 〈올드페리도넛〉에 방문했을 때는 이곳의 명성이 바로 이해되지는 않았다. 매장 입구 손잡이에 달린 귀여운 캐릭터가 재미있다는 첫인상부터 풍성한 필링으로 맛있는 도넛까지 브랜드의 품질 높은 제품을 경험할 수 있었다. 하지만 그 외의 특별한 가치를 경험하기에는 무엇인가

많이 생략되었다는 느낌이 들었다. 의문을 풀고자 브랜드의 SNS 계정과 고객 리뷰를 살펴보다가, 현재 〈올드페리도넛〉이 리브랜딩되었다는 것을 알게 되었다.

〈올드페리도넛(전 페리로스터리)〉은 2000년대 초, 미국 프랜차이즈를 중심으로 형성된 도넛 시장에 도전장을 내민 우리나라 1세대 도넛이다. 기존 공장형 도넛에서 탈피하여 정성스레 직접 만든 수제 도넛으로 '도넛의 프리미엄화'를 시도했다. 이 브랜드의 프리미엄 전략은 도넛에 한국적인 콘셉트를 부여하면서 시작되었다. 전통 민화 속에 도넛을 등장시켜 홍보 영상, 패키지, 굿즈 등을 만들었다. 또한 한남동에 자리 잡고 있던 첫 매장에서는 한국의 전통 요소인 주춧돌과 나무 원목을 활용한 인테리어로 콘셉트를 드러냈다. 〈올드페리도넛〉이 창조한 한국적인 도넛 세계관은 많은 사람의 사랑을 받았다. 또한, 시즌별로 8개의 메뉴만 집중하여 판매하면서 대량생산되는 미국 프랜차이즈 도넛과 차별화된 품질을 보여주었다.

▲ 리브랜딩된 현재 매장에 남아 있는 전 〈올드페리도넛〉의 흔적. 삼태극과 주춧돌, 나무 소재를 활용한 인테리어가 눈에 띈다.

이후 〈노티드〉, 〈랜디스 도넛〉 등 새로운 프리미엄 도넛 브랜드가 잇따라 등장하면서 〈올드페리도넛〉은 프리미엄의 대중화를 시도하며 리브랜딩하였다. 미국 디저트인 도넛이 직관적으로 연상되는 팝하고 통통 튀는 콘셉트와 캐릭터를 활용하여, 귀엽고 재치 있는 이미지로 리브랜딩한 것이다. 활기찬 이미지를 더하기 위해 오렌지색을 브랜드의 중심 색으로 사용하였다. 그리고 도넛을 먹고 있는 캐릭터 '올리'를 창조하여 브랜드의 인테리어, 포스터, 굿즈 등에 적용하였다. 우리가 이 브랜드의 가치를 단번에 느끼지 못했던 이유는, 리브랜딩된 〈올드페리도넛〉의 콘셉트가 도넛이라는 '제품 속성'과 너무 자연스럽게 어울리기 때문이었다. 기존 도넛 시장과 이질감 없이 친근하고 자연스러운 이미지로, 차별성은 줄이고 대중성을 높이는 전략이다.

흔히 우리는 어떻게 하면 브랜드를 조금 더 프리미엄으로 만들 수 있을까 고민한다. 고객의 마음에 프리미엄 브랜드로 포지셔닝된다면 브랜드 가치가 상승하여 더 많은 이익을 얻을 수 있다고 생각하기 때문이다. 반대로 프리미엄 브랜드가 대중적인 포지셔닝으로 변경할 경우, 자칫 고객에게 제공되는 브랜드 가치가 하락할 수 있는 위험성을 가진다. 그럼에도 〈올드페리도넛〉은 고객과의 친근한 관계를 위해 브랜드를 좀 더 대중화하는 리브랜딩을 시도하였다.

▲ 캐릭터 올리가 포스터, 패키지 곳곳에 숨어 있다.

▲ 네 단계에 걸쳐 통통해지는 올리. 둥그러진 몸과 도넛으로 꽉 찬 입매가 사랑스럽다.

오렌지 색상을 사용하여 활기차게 전달하고 있는 브랜드 이미지는 세련되면서도 친근하다. 특히 브랜드 캐릭터 올리가 도넛을 한 입씩 먹으며 점점 통통해지는 모습을 보고 있으면, 나도 모르게 행복한 웃음을 짓게 된다. 방문 당시에는 인스타 인플루언서 고양이인 '순무'와의 컬래버가 진행 중이었는데, 순무 이미지를 활용한 도넛과 굿즈를 구매할 수 있었다. 이전보다 좀 더 접근성 높고 즐거운 브랜드 개성으로 다양한 브랜드와 컬래버하며 고객에게 새롭고 즐거운 콘텐츠를 제공하고 있다. 확실히 이전에는 경험할 수 없었던 브랜드의 새로운 친근감과 재미 요소이다. 이는 혁신적인 콘셉트로 프리미엄 포지션을 확보한 〈올드페리도넛〉이 브랜드 자산을 기반으로 더 넓은 고객층과 소통하기 위한 시도로 보인다. 앞으로 〈올드페리도넛〉이 창조해 나갈 새로운 브랜드 가치를 기대하며 새로운 행보를 응원한다.

▲ 순무와 컬래버한 굿즈로 가득 채워진 매장 벽면

<올드페리도넛 가로수길점> 서울 강남구 강남대로160길 35-5 ─

브랜드 콘셉트 : 2016년부터 이어온 이 도시에서 가장 맛있는 도넛

슬로건 : donut worry, be happy

인스타그램 : @oldferrydonut

공간 콘텐츠로 만드는 프리미엄

탬버린즈 / 젠틀몬스터

〈탬버린즈〉는 〈젠틀몬스터〉의 모기업 '아이아이컴바인드'의 향수 브랜드이다. 남다른 매장 전시로 화제를 불러일으킨 〈젠틀몬스터〉와 함께 신사동에 플래그십 스토어를 두고 있다.(아이아이컴바인드의 카페 브랜드 〈누데이크〉도 신사에 있지만, 성수동 편에서 다루었으므로 본 편에서는 내용을 생략하였다.) 한산해진 신사동 거리에서도 두 브랜드 건물 앞에 인산인해를 이룬 모습은 마치 관광 명소를 방불케 했다. 한국에서 가장 힙한 두 브랜드를 경험하기 위해 한국인뿐만 아니라 외국인까지 매장 안을 꽉 채우고 있었기 때문이다.

〈탬버린즈〉와 〈젠틀몬스터〉는 자신의 제품을 패션 아이템으로 기획하는 전략을 취하는데, 〈탬버린즈〉의 '체인 핸드'가 그 대표적인 예시이다. 길게 늘어뜨린 체인과 알루미늄으로 제작된 패키지는 작은 핸드백을 연

상시켜 많은 인플루언서로부터 인기를 얻었다. 일상적이지 않은 디자인을 차용하여, 제품을 보면 브랜드가 연상되도록 만들었다.

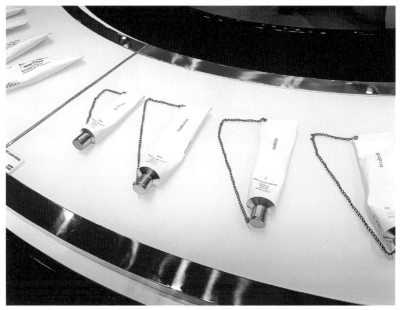

▲ 〈탬버린즈〉의 '체인 핸드'. 사용할 때마다 패키지의 모형이 조금씩 변형되는 것도 매력적인 포인트이다.

〈탬버린즈〉 신사 플래그십 스토어는 갤러리를 방문한 듯한 깔끔하고 고급스러운 인테리어를 바탕으로 예술품이 전시되어 있다. 무엇보다 이곳에 설치되어 있는 말 로봇은 조형물이라는 것을 믿기 어려울 정도로 실제 말과 매우 유사하다. 사실적인 외형과 조형물의 미세한 움직임은 고객에게 놀라움을 준다.

방문 당시에는 마법 소녀 콘셉트로 제니와 함께한 퍼퓸 컬렉션을 선보이고 있었다. 새로운 퍼퓸 컬렉션의 론칭일로부터 한 달이 넘었음에도 매장 안밖으로 붐비는 인파는 식지 않은 인기를 보여주었다.

▲ 나무 소재의 둥근 카운터와 별다른 요소 없이 흰 벽에 로고만 붙어 있는 점이 호텔 로비를 연상시킨다.　▲ 성인 남성 정도 크기의 말 로봇. 실제 말과 유사하게 움직인다.

　같은 시기 〈젠틀몬스터〉는 '젠틀고등학교'라는 콘셉트로 2024 옵티컬 컬렉션을 진행하며, 매장 내에 다양한 로봇 형상물을 전시해 두었다. 다소 과감한 메탈 디자인의 제품을 중심으로 한 이번 캠페인은 홈페이지를 통해 AI 학생증을 발급하면 현장에서 실물 학생증을 수령할 수 있도록 온·오프라인을 연계하여 진행되었다.

　〈젠틀몬스터〉 신사점은 4층이 넘는 규모를 가지고 있음에도 항상 친구, 연인, 회사 동료들과 방문한 고객들로 꽉 차있다. 〈젠틀몬스터〉가 매번 선보이는 새로운 콘셉트를 확인하고 경험하기 위해 지속적으로 재방문하는 고객들이 있기 때문이다. 고객들은 브랜드의 제품인 '안경'과 '선글라스'를 넘어 콘셉트를 경험하고 트렌드를 확인하기 위해 이곳을 방문한다.

▲ 2024 옵티컬 컬렉션 포스터가 매장 옆 벽면에 붙어 있는 모습. 로봇 수업과 무술 수업을 진행한 다는 독특한 콘셉트.　▲ 외계 생명체의 꼬리 같은 로봇 조형물.

　이제 〈탬버린즈〉와 〈젠틀몬스터〉는 단순히 제품을 판매하는 브랜드를 뛰어넘었다. 새로운 컬렉션이 기대와 관심으로 화제가 되고, 화제가 된 브랜드의 정보와 제품을 소장하는 것이 개인의 정체성을 대변하게 되었다. 이런 현상은 브랜드의 가치 제안 중 자아 표현적 편익을 제공하고 있는 모습으로, 흔히 명품 브랜드에서 발생하는 현상이다. 이 두 브랜드는 품질 좋은 제품의 기능을 뛰어넘어 심미적인 가치, 감성적인 가치를 비롯하여 '힙함을 아는 사람'으로서의 정체성을 대변하는 브랜드가 된 것이다.

　무엇보다 '공간'은 〈탬버린즈〉와 〈젠틀몬스터〉가 새로운 경험을 주는 고객 가치를 구축하는 데 가장 큰 역할을 했다. 공간을 통해 브랜드 세계관을 구축하고, 구축한 세계관은 브랜드 가치에 반영되었다. 두 브랜드는 항상 공간을 통해 고객에게 놀라움과 의외성을 전달한다. 그리고 브랜드가 보여주는 콘텐츠와 퀄리티를 경험한 고객은 다시 브랜드의 다음 행보를 기대하게 된다. 많은 사람들에게 회자되고 자랑하고 싶은 브랜드가 되면서 브랜드의 가치는 점차 높아졌다. 공간을 통해 프리미엄 포지셔닝을 이룩해 오고 있는 두 브랜드의 전략은 고객 경험의 새로운 시장을 연 대표적인 사례이다.

<탬버린즈 신사 플래그십스토어> 서울 강남구 압구정로10길 44 ―
브랜드 콘셉트 : 향과 공간, 그 규정되지 않은 아름다움을 탐구하는 곳
홈페이지 : https://www.tamburins.com/kr
인스타그램 : @tamburinsofficial

<젠틀몬스터 신사 플래그십스토어> 서울 강남구 압구정로10길 23 ―
브랜드 콘셉트 : 구조적인 형태와 동물들의 움직임으로 만들어 내는
비일상적인 무드
홈페이지 : https://www.gentlemonster.com/kr
인스타그램 : @gentlemonster

지역을 이끄는 빅 브랜드의 비결

우리는 작은 지역에 대기업 브랜드가 들어서기 시작하면서 기존 매장이 쫓겨나게 되는 현상을 많이 경험하였다. 하지만 빅 브랜드의 존재가 지역에 악영향만 끼치는 것은 아니다. 그들은 상권의 편의성을 높이고 거래를 늘려 사람들의 유입을 증가시키는 역할을 한다. 지역에 크고 작은 브랜드가 공존할 때, 지역이 건강하게 유지될 수 있다.

〈Apple〉은 한국 첫 매장을 가로수길에 오픈했다. 오픈 당시 대대적인 인파가 몰렸고, 지금까지도 매일 많은 방문자로 활기가 넘친다. 친환경 신발로 빠르게 성장한 〈올버즈〉 또한 가로수길을 시작으로 한국에 매장을 확장했다. 세계적인 두 브랜드가 가로수길의 매장을 통해 어떻게 사람을 모으고, 고객과 만나고 있는지 살펴 보자.

팬은 브랜드의 강력한 무기

Apple 가로수길

대한민국 첫 애플 스토어는 오픈 전부터 엄청난 관심사를 불러일으켰다. 이미 아이폰으로 한국 시장에서 10년 이상의 충성도 높은 고객을 확보한 〈Apple〉의 첫 공식 오프라인 공간이었기 때문이다.

〈Apple 가로수길〉은 백색과 나무 소재 외에 다른 요소를 극단적으로 배제한 심플한 인테리어가 인상적이다. 필요한 것 외에는 모든 것을 생략하며 심플한 이미지를 추구하는 〈Apple〉의 제품적 속성과 같은 맥락이다. 또한 결제 데스크가 따로 존재하지 않아 고객이 원하는 자리에서 제품을 체험하고 구매할 수 있다. 브랜드의 철학, '사용자 중심 디자인'에 기반한 정책이다.

〈Apple〉 고유의 브랜드 정체성을 느낄 수 있는 애플 스토어의 존재는 팬에게 굉장한 의미가 있다. 〈Apple〉은 이 공간을 '관계를 통해 가치를 느끼는 곳'으로 정의하며 직원을 '지니어스'라고 칭한다. 애플의 교육 세션, 'Today at Apple(애플 스토어가 위치한 커뮤니티에 교육 및 영감을 제공하기 위해 열리는 사진, 음악, 코딩과 같은 실용적인 세션)'은 고객이 제품과 서비스를 즐겁게 경험할 수 있도록 한다. 브랜드가 고객에게 단순히 제품을 넘어 관계적인 즐거움까지 전하고자 하는 의지가 느껴지는 정책이다.

◀ 거대한 통유리창과 높이 부착된 〈Apple〉의 로
고는 애플 스토어의 상징적인 요소이기도 하다.

실제로 방문했을 당시 매장에는 빨간 유니폼을 입은 수많은 지니어스가 대기 중이었다. 세계 에이즈의 날을 알리기 위해 빨간 유니폼을 착용하여 브랜드가 에이즈 종식을 위해 노력 하고 있음을 보여주고 있었다.(평소에는 기본 유니폼인 파란색, 홀리데이 시즌에는 빨간색, 지구의 날에는 초록색 유니폼을 착용한다.) 지니어스는 이 공간에서 브랜드의 활동을 알릴 뿐만 아니라 고객이 브랜드를 경험하고 공감할 수 있도록 돕는 역할을 한다. 이들은 브랜드의 최신 정보와 사용법을 숙지하고 있을 뿐만 아니라 능숙한 외국어 능력까지 보유하고 있다. 방문한 고객은 니즈에 따라 많은 경험을 할 수 있는데, 공간에 비치된 제품과 서비스의 체험뿐 아니라, 기존에 궁금했던 브랜드의 활동이나 기기의 전문적인 기능에 대해서도 도움을 받을 수 있다.

◀ 빨간 옷을 입은 다양한 인종의 지니어스가
사용자의 체험과 구매를 돕는다.

<Apple>의 제품과 서비스가 모두 개방되어 있고, 전문가가 상주해 있다는 점에서, 이곳은 기존 팬들의 완벽한 놀이터가 된다. 그렇다면 잠재 고객에게는 어떨까? 아직 제품을 사용해 보지 못한 고객에게도 브랜드 가치를 알리는 훌륭한 홍보 채널이 된다. 마니아와 전문가 집단을 중심으로 집약된 긍정적인 에너지는 새로운 고객이 브랜드를 허들 없이 접하며 제품을 긍정적으로 체험할 수 있도록 하기 때문이다. 무엇보다 같은 카테고리의 다른 브랜드에서는 접할 수 없는 친근함, 디자인, 서비스는 잠재 고객에게 강력한 브랜드 인상을 심어준다.

지금도 <Apple 가로수길>에는 항상 인파가 가득하다. 매일 출근하듯 방문해 직원과 교류하는 마니아 고객이 존재할 만큼 확고한 고객층과 깊

브랜딩 초보자를 위한 브랜드 산책노트

은 교류가 이루어진다. 그 에너지를 기반으로 지나가던 사람도, 잠재 고객도 손쉽게 브랜드를 경험할 수 있는 브랜드의 중심점이 되었다. 이는 브랜드를 만들고 오프라인 공간을 운영하는 브랜드 담당자가 꼭 유념해 봐야 할 포인트이다.

<Apple 가로수길> 서울 강남구 가로수길 43 ―
브랜드 콘셉트 : 보다 더 나은 세상을 만드는 제품
브랜드 메시지 : 기술을 통해 사람들의 생활을 향상시킵니다.
브랜드 슬로건 : Think Different
브랜드 철학 : 혁신, 사용자 중심의 디자인, 기술을 통한 인간 경험의 향상
홈페이지 : https://www.apple.com/kr
인스타그램 : @apple

고객 접점에 담은 브랜드 가치
올버즈 신사 플래그십 스토어

세상에서 가장 편한 신발 〈올버즈〉는 친환경 방식으로 생산, 유통하는 회사로, 굉장히 빠르게 급성장한 브랜드이다. 오바마와 레오나르도 디카프리오가 〈올버즈〉를 착용하면서 빠르게 명성을 얻었고, 곧 실리콘밸리 운동화로 자리를 잡았다. 〈올버즈〉는 탄생 스토리부터 시작해 현재까지 자신의 가치를 고객에게 전달하는 방법이 인상적인 브랜드다.

〈올버즈〉는 '지속 가능성', '심플한 디자인', '편안함' 3가지를 핵심 가치로 고객에게 브랜드를 소개한다. 제품과 시스템, 소통 방식을 통해 〈올버즈〉의 가치를 매우 직관적으로 전달한다. 홈페이지에는 양털과 솜사탕, 민들레씨 이미지를 활용하여 가벼움을 시각적으로 표현하고 있고, 환경 친화적인 메시지를 전하기 위해 D2C 전략(Direct to Consumer, 제조 업체가 상품이나 서비스의 유통 단계를 줄이고 소비자에게 직접 판매하는 방식)으로 불필요한 유통 과정과 포장을 생략했다. 택배 박스 없이 제품 박스째 배송받은 고객은 제품을 사용하기 전부터 〈올버즈〉의 메시지를 강력하게 전달받는다. 직접 신었을때 느낄 수 있는 부드럽고 가벼운 착화감은 제품을 통해 경험하는 브랜드의 가치이다.

▲ 코르크나무 껍질 결이 살아 있는 나무 기둥. ▲ 친환경 소재로 만들어진 제품 진열대
창가의 식물은 모두 생화이다.

〈올버즈〉는 고객이 브랜드를 만나는 접점 전반에서 브랜드 가치를 전한다. 그중에서도 매장은 브랜드의 메시지를 가장 강렬하고 직접적으로 전달하는 역할을 한다. 신사동 〈올버즈 플래그십 스토어〉에 들어서면 외

벽에 설치된 코르크나무 기둥, 식물을 이용한 플랜테리어가 먼저 눈에 들어온다. 친환경 소재를 연상시키는 인테리어이다. 매장의 안쪽 벽면은 신발 박스를 소품으로 사용하여 인테리어에 사용되는 자원을 최소화했다. 또한 제품을 전시하고 있는 집기는 신발을 만들 때 사용하는 친환경 소재로 이루어져 있어, 공간 전체적으로 플라스틱 소재를 찾기 어렵다. 생산 과정과 제품에 따라 발생하는 이산화탄소량을 표기하여, 탄소 발자국을 줄이기 위한 노력을 확인할 수도 있다. 매장 직원은 〈올버즈〉의 가치관을 실제 고객이 느낄 수 있도록 메시지를 전달한다. 제품의 기능적 특장점을 브랜드 가치와 연결하여 고객이 브랜드에 공감할 수 있도록 설명한다.

◀ 생산 공장에서부터 본사 사무실 조명에 이르기까지 모든 탄소 배출량을 측정하는 〈올버즈〉. 동종 업계 신발의 평균 탄소 발자국이 14kg CO₂e인 것을 기준으로, 12kg CO₂e 이상인 제품에는 땀 표시가 되어 있다.

〈올버즈〉는 최근 제품의 내구성 이슈로 큰 위기에 직면했다. 친환경 소재로 통기성과 편안함을 특징으로 하던 제품이 쉽게 손상된다는 리뷰가 쏟아졌기 때문이다. 현재 〈올버즈〉는 내구성과 친환경을 최우선으로 하여 제품력을 높이기 위해 노력하고 있다. 친환경 메시지를 직간접적으로 전달하며 빠르게 사랑받았던 〈올버즈〉가 이 위기를 기회로 삼아 브랜드의 한계를 뛰어넘어 단단한 브랜드가 되길 기대한다.

〈올버즈 플래그십스토어〉 서울 강남구 강남대로160길 45 —
브랜드 콘셉트 : 지구 친화적인 세상에서 가장 편한 신발
브랜드 슬로건 : Better things in a Better way
(더 나은 방식으로 더 나은 제품을 만듭니다.)
브랜드 철학 : 지속 가능성, 심플한 디자인, 편안함
홈페이지 : https://allbirds.co.kr
인스타그램 : @allbirdskorea

>>> 3 <<<
스몰 브랜드가 사랑받는 방법

지역을 풍성하게 하는 것은 무엇보다 지역에 자리한 작지만 다채로운 브랜드이다. 그곳에만 있는 특별한 브랜드는 지역 간 차별화를 만들어내고, 지역 거주민과 외부인에게 모두 사랑받는다. 특히 스몰 브랜드는 소비자와 더 밀접한 관계를 구축할 수 있기 때문에 개인화된 고객 경험을 제공할 수 있다. 고객이 브랜드와 지역에 애정을 가질 수 있는 지점이다.

가로수길에도 이곳에서만 만날 수 있는 브랜드가 있다. 힙한 브랜드로 유입된 외국인, 빅 브랜드로 지역을 찾아오는 관광객, 그리고 오랜 시간 거주한 주민들에게 스몰 브랜드만의 특별한 경험을 전하고 있다. 오랜 시간 지역을 휩쓰는 많은 변화 속에서도 작지만 단단하게 자기다움을 만들고 있는 신사동의 '스몰 브랜드'를 살펴 보자.

고객의 마음을 여는 공간

이스라이브러리

〈이스라이브러리〉는 소격동의 작은 뒷골목에서 시작하여 신사동으로 매장을 이전하였다. 한방 차의 효능을 몸소 체험한 디자이너가 한의사와 함께 화장품을 만들었고, 깊으면서도 편안한 향으로 많은 사랑을 받았다. 특히 남녀 구분 없는 제품, 모던하면서 한국적인 패키지와 공간 디자인은 고객에게 색다른 경험을 제공한다.

〈이스라이브러리〉는 한국적인 것을 재해석하여 브랜드 요소에 적용했다. 제품 패키지는 한국의 전통 책을 뉘어놓은 것에 문진을 얹어둔 모습에서 착안했다. 패키지의 선물 포장은 한의원의 약재 꾸러미를 연상시키듯 정성스럽다.

▲ 크기가 다른 책들을 고정하기 위해 돌 문진을 올려둔 모습(© 이스라이브러리)

▲ 계단식으로 좁아지는 병 모양과 둥그런 뚜껑이 좌측 이미지와 무척 닮아 있다.

브랜딩 초보자를 위한 브랜드 산책노트

그중에서도 특별히 〈이스라이브러리〉의 매장은 고객에게 특별한 경험을 전달하는 역할을 한다. 방문한 모든 고객에게 계절에 맞는 차와 다과를 대접하는 서비스를 제공한다.(최근 예약제로 변경되었다.) 실제 쇼룸을 방문했을 때는 우엉차와 약과를 제공받았는데, 대접받은 다과의 품질이 꽤 좋았다. 또한, 차를 마시고 담소를 나누는 동안 매니저의 간섭이 전혀 없었다. 덕분에 공간에 흐르는 음악과 향을 즐기며 편안한 시간을 보낼 수 있었다. 제품을 판매하는 매장이 아닌 VIP 라운지에 머무는 느낌이었다.

매장의 분위기나 서비스의 모든 면에서 편안하다는 느낌을 받을 수 있었는데, 쇼룸을 섬세하게 설계해 놓은 요소가 눈에 띄었다. 뉴트럴한 베이지와 브라운 톤으로 이루어진 인테리어, 나무로 만들어진 가구, 은은하게 퍼지는 매장의 간접조명은 공간과 사람을 자연스럽게 이어준다. 또한 제품 원재료를 설명 대신 고객이 직접 눈으로 확인할 수 있도록 전시해두었다.

▲ 간접조명은 은은한 불빛으로 자연스러운 분위기를 유도한다.

▲ 〈이스라이브러리〉의 제품이 나무 가구 위에 정갈하고 섬세하게 디스플레이되어 있다.

공간을 한껏 즐기고 나니 제품이 궁금해져, 쇼룸 스페셜리스트에게 브랜드에 대한 설명을 요청했다. 편안한 분위기 속에 머무니 브랜드에 대한 허들이 사라지고 신뢰와 긍정적인 이미지가 형성되었기 때문이다. 그렇게 쌓인 이미지는 당연하게도 구매에 대한 장벽을 낮추고 브랜드의 진정성을 느끼게 하는 역할로 작용한다.

〈이스라이브러리〉는 고객과 제품을 연결하는 방법을 아는 지혜로운 브랜드이다. 쇼룸이나 제품을 테스트해 보는 서비스는 이제 특별하지 않다. 하지만 이 브랜드는 단순히 제품을 사용해 보고 설명을 듣는 것을 넘어서 공간에 머무르며 고객이 먼저 마음을 열 수 있도록 배려한다. 〈이스라이브러리〉의 이런 방식은 브랜드가 추구하는 한국적인 것, '정적인 것

브랜딩 초보자를 위한 브랜드 산책노트

에서 오는 편안함'과 '자연스러움에서 오는 건강함'의 메시지와 잘 맞는다. 제품 속성과 디자인, 그리고 공간의 역할을 잘 연계한 훌륭한 브랜딩 사례이다.

<이스라이브러리 신사쇼룸> 서울 강남구 도산대로17길 31, 1층 ─
브랜드 콘셉트 : 전통 한국 서재에서 오감으로 체험하는 모던 한방 화장품
브랜드 슬로건 : Evolutionary, Achievement from Traditional Heritage
홈페이지 : https://www.eathlibrary.co.kr
인스타그램 : @eathlibrary_official

예술로 차별화된 경험 만들기
경성미술관

새로운 지역을 방문할 때 우리의 활동은 대부분 먹는 것에 치우쳐져 있다. 2023년 서울시 발표에 따르면, 주요 상권 중 F&B가 차지하는 비중이 57.7%에 달한다. 이런 현실이다 보니, 오감으로 브랜드를 체험하고 새로운 경험을 제공하는 브랜드가 매우 귀할 수밖에 없다. 가로수길에 위치한 <경성미술관>은 체험형 카페로, 방문자에게 그리는 행위를 통해 창작의 시간을 선물하고 있는 브랜드이다.

◀ 고풍스러운 거울 프레임과 조명. 벽 페인트 색깔도 채도 낮은 계열을 사용하여 공간의 무게감을 더한다.

〈경성미술관〉은 '최초의 여류 서양화가 나혜석이 1930년 유럽 여행을 다녀온 후 경성에 미술관을 열게 된다면?'이라는 흥미로운 상상에서 시작되었다. 카페에 들어서면, 경성 시대를 테마로 한 고급스러운 인테리어와 미술관을 연상하게 하는 작품들이 눈에 들어온다. 익숙하지 않은 풍경 속에서 수북하게 쌓인 도구를 지나 음료와 함께 캔버스를 선택하고 나면 작업 공간으로 안내받는다. 이동하는 동안 이곳에서 그려진 다양한 그림을 보며 내가 그릴 그림에 대한 기대감에 부풀게 된다. 이젤 앞에 앉아 빈 캔버스를 마주하니 막막함이 밀려오지만 캔버스에 손을 대는 순간, 나만의 시간에 몰입하게 된다.

▲ 미술실을 연상하게 하는 공간. 다른 사람의 작   ▲ 르네상스 시대 조각상이 떠오르는 붓 통
품도 볼 수 있다.

이곳이 특별한 이유는 그림을 그리는 행위에 온전히 집중할 수 있기 때문이다. 작은 캔버스에 그릴 나만의 그림을 구상하고, 색을 칠하다 보면 몇 시간이 훌쩍 지나간다. 내가 표현하고 싶은 것이 무엇인지, 어떻게 표현할 수 있는지를 고민하며 몰입하는 즐거움을 느낄 수 있다. 혹, 막막함을 느낄 때면 언제든 매니저가 나서서 친절히 도와준다.

〈경성미술관〉은 개인이 '그리기'라는 예술 행위에 집중할 수 있도록 다른 요소는 최소화했다. 머무는 동안 다른 유희 거리나 편의를 즐길 것 없이, 오로지 '그림'에 초점이 맞춰져 있다. 음료와 디저트를 제공하고 있지만, 이 또한 그리기를 위한 부가적인 서비스로 크게 부각되지 않는다.

이곳에서는 그림을 통하여 나의 세계를 고찰하고 표현하는 예술의 일면을 경험할 수 있다. 누구나 작가가 되어 자신에게 집중하는 시간을 보내는 것, 예술을 손쉽게 경험하게 하는 것이 바로 이곳이 전하고 있는 고객가치이다.

<경성미술관> 서울 강남구 도산대로15길 32, 지하 1층 —
브랜드 콘셉트 : 그림을 통해 나에게 집중하는 유럽풍의 경성 모던 드로잉 카페
홈페이지 : http://kyungsungmuseum.co.kr
인스타그램 : @kyungsung_museum

본질에 충실한 브랜드가 사랑받는 이유

에뚜왈

동네마다 지역을 대표하는 빵집이 있다. 어떤 곳은 크루아상, 어떤 곳은 스콘, 또 어떤 곳은 발효 식빵이 유명해 많은 사람이 빵을 사기 위해서 그 지역을 방문한다. 가로수길이 위치한 신사동에도 많은 베이커리가 있다. 그중 〈에뚜왈〉은 마들렌 하나로 지역을 찾게 하는 단단한 힘을 가진 브랜드이다. 이 지역을 스쳐간 풍파에도 뿌리 깊게 자리를 지키고 있는 가로수의 작은 베이커리, 〈에뚜왈〉을 소개한다.

〈에뚜왈〉은 '별'의 프랑스어이다. 파리 개선문을 중심으로 뻗어나간 12

갈래 길을 별과 같다 하여 '에뚜왈 광장'이라 부르기도 한다. 2016년 가로수길이 명성을 떨치던 시절부터 현재까지 굳건히 자리하며 변하지 않는 별처럼 존재하는 〈에뚜왈〉과 잘 어울리는 브랜드명이다. 프랑스 파리의 상점을 떠오르게 하는 아기자기한 매장은 두 사람이 서 있기에도 비좁을 정도로 아주 작은 공간이다. 카운터 가장 가까이에는 두 눈을 사로잡는 다양한 마들렌이 진열되어 있다. 크루아상과 퀸아망 등 프랑스의 대표적인 다른 베이커리도 자리하고 있지만, 각양각색의 마들렌은 이 매장의 시그니처가 무엇인지 분명하게 보여준다. 작은 매대 너머로 보이는 안쪽 주방에서는 정신없이 구워지는 새 마들렌의 모습과 함께 구수한 버터 향이 흘러나온다. 냄새를 맡고 있으면 앞에 보이는 마들렌을 종류별로 구매하게 된다. 직원과 이것저것 소통하고 싶은 마음도 잠시, 뒤따라 들어오는 새로운 고객이 맛있는 마들렌을 구매할 수 있도록 서둘러 포장된 제품을 들고 매장을 나선다.

▲ 매장명부터 운영 시간까지 모두 프랑스어로 적혀 있다.

오로지 포장만 가능한 이곳이 오랜 시간 굳건히 사랑을 받아오는 이유는 마들렌을 먹어본 사람이라면 누구나 알 수 있다. 이전에 먹어본 마들렌이 모두 잊힐 정도로 부드럽고 풍성한 버터 맛이 일품이다. '프리미엄 마들렌'이 떠오르는 네이밍, 인테리어, 메뉴 라인, 콘셉트 등 브랜드의 어떤 요소보다 제품 자체를 본질적으로 차별화한 품질이 이 브랜드의 가장 강력한 차별화 요소이다. 최소화된 브랜딩 요소가 오히려 가장 최고의 마들렌을 제공하기 위한 진정성으로 느껴질 정도이다.

▲ 고객이 서 있을 수 있는 공간은 사진에 보이는 것이 전부일 정도로 좁다. 이 좁은 곳에 가득 찬 향기로운 버터 향에 이끌려 마들렌을 구매하게 된다.

▲ 진한 버터 향의 근거지. 마들렌이 대기 중인 선반 뒤로 넓은 주방 공간이 있다.

〈에뚜왈〉은 사장님이 프랑스 여행 이후 고심하여 오픈한 브랜드이다. 제품 품질로 고객의 사랑을 받으면서 단골을 중심으로 브랜드가 성장했다. 본질에 집중한 작은 브랜드는 애정을 갖게 한다. 이 제품을 계속 찾기 위해 스스로 나서 팬이 된다. 고객은 추억이 담긴 브랜드를 애써서 자주 찾고, 주변에 적극적으로 소개하며 브랜드가 지금 같은 모습으로 장수하길 바란다. 바로 이런 모습이 작은 브랜드가 지역에 색을 더하고 지역의 힘을 만드는 이유이다. 어쩌면 우리가 지키고 싶었던 수많은 가로수길의 작은 브랜드를 〈에뚜왈〉이 대표하고 있는 것은 아닐까.

〈에뚜왈 가로수길점〉 서울 강남구 압구정로10길 35, 지하 1층 ―
브랜드 콘셉트 : 프랑스 여행에서 영감을 얻은 가장 맛있는 마들렌
인스타그램 : @patisserie___etoile

>>> 4 <<<
신사에서 돌아오며

글을 마치며

지역과 브랜드의 관계는 매우 긴밀하다. 지역의 속성이 브랜드 연상에 영향을 끼치고, 브랜드의 영향력이 지역 상권에 영향을 미치기 때문이다. 예술과 패션에 예민한 소비자가 가로수길을 많이 찾기 때문에, 관련 브랜드가 많이 모이고, 힙한 브랜드가 존재하는 것으로 지역의 이미지가 신선해진다. 지역이 단단해지고, 고유한 매력으로 차별화되기 위해서는 다양한 종류의 브랜드가 필요하다. 조금은 한산해진 가로수길이지만 트렌드를 이끄는 힙한 브랜드, 세계적인 영향력을 가진 빅 브랜드, 지역을 차별화하는 작지만 단단한 브랜드가 이곳에 존재한다.

가로수길은 지역이 브랜드를 이끌던 시기를 지나 브랜드가 지역을 이끄는 시기를 맞이했다. 지역의 화제성으로 인파가 몰리는 시기에는 오히려 브랜드 정체성을 유지하기가 어렵다. 본질보다는 화제성을 기대하는 고객이 많기 때문이다. 각각의 브랜드가 자기다움을 중심으로 고객 관계

234   브랜딩 초보자를 위한 브랜드 산책노트

234

브랜딩 초보자를 위한 브랜드 산책노트

에 집중하는 것이 브랜드의 본질이라 하였을 때, 지역의 위기는 어쩌면 브랜드의 본질을 깨닫게 하는 기회일 수 있다. 자기다움으로 다시 태어나는 가로수길을 꿈꿔본다.

비하인드 인터뷰
소비자한테 보여주는 거, 그거 어떻게 하는 건데?

지금까지 한남, 용산, 성수를 방문하며 브랜드의 정의와 철학, 브랜드 차별화가 필요한 이유에 관해서 이야기를 나눠보았다. 브랜딩에 관해 이야기하다 보면 다다르는 결론은 결국 '정체성(자기다움)을 소비자에게 인식시켜라.'였다. 여기서 자연스레 드는 생각이 있다. '그래서 그거 어떻게 하는 건데?'

브랜드 초보 April(프릴)이 브랜드 전문가 Aileen(에일린)과 하는 인터뷰.

신사 방문을 바탕으로, 브랜드가 소비자에게 자신을 기억하게 만드는 방법 중 '감각 마케팅'에 대해 논한다.

브랜드를 고객에게 어떻게 전달해야 하나요?
April. 서울의 지역(한남, 용산, 성수, 신사)을 돌아다니며 브랜드를 방문하다 보니 이제 브랜드 개념은 확실히 알 것 같아요. 그런데 어떻게 하면 브랜드 정체성을 소비자에게 인식시킬 수 있는 건지 궁금해요. 저는 매장에 브랜드 스토리를 적어두거나 브랜드 상징을 최대한 화려하게 많이 보여주면 된다고 생각했어요. 하지만 실제로 그런 방식을 쓰지 않았는데도 인상을 남기는 곳이 있고, 아무리 많이 봐도 기억이 안 나는 브랜드가 있더라고요. 브랜드가 어떻게 해야 기억에 남을 수 있나요?

Aileen. 좋은 포인트네요. 브랜드 정체성을 구축하는 것만큼이나 **'브랜드다움'을 고객에게 전달하는 것**이 중요하죠. 이 부분을 위해서는 고객이 어떤 과정을 거쳐서 브랜드를 기억하게 되는지 먼저 이야기해야 해요. 고객은 브랜드에 대한 정보를 처음 접하는 순간부터 기억하게 되기까지 '정보 노출 – 주의 – 지각 – 반응 – 저장'이라는 소비자 정보처리 과정을 거치게 돼요. 그래서 브랜드는 우리의 정보를 어떻게 노출해야 소비자가 주의를 기울이고, 긍정적인 지각을 가질 수 있을까를 고민하죠. 이럴 때 사용할 수 있는 방법 중에 '감각 마케팅'이 있어요. 말 그대로 오감을 활용한 마케팅 방법이죠.

April. 감각 마케팅은 저도 들어본 적 있어요. '러쉬 향'을 맡으면 멀리서도 근처에 러쉬 매장이 있다는 걸 알게 되는 것이 〈러쉬〉가 하는 감각 마케팅이라는 예시를 봤거든요. 저는 실제로 백화점에 갔는데 한 층 전체에서 러쉬 냄새가 나길래 어디에 〈러쉬〉가 있는지 찾아본 적도 있어요.

Aileen. 맞아요. 사람이 가장 잘 사용하는 감각은 시각이지만, 보는 것만이 소비자가 인지하는 전부는 아니에요. 다른 감각과 함께 정보를 받아들일 때 더 인상적인 경험과 기억으로 남을 수 있어요.

〈러쉬〉는 강한 향을 사용하여 매장 밖에서부터 강렬한 인상을 심어주고, 매장 안에서는 화려하게 디스플레이된 각양각색의 제품을 보여주죠. 그 후에 적극적으로 제품을 사용하도록 촉각으로 경험하게 해요. 이게 바로 감각 마케팅을 복합적으로 사용한 좋은 예시예요.

이렇게 감각 마케팅은 모든 정보가 입수되는 감각기관에 효율적인 접근을 시도하는 마케팅 방법이에요. 브랜드에 맞는 감각을 복합적으로 활용할 때 사람들에게 브랜드를 효과적으로 인지시키고, 브랜드를 오래 기억하도록 할 수 있어요.

▲ 〈러쉬〉의 대표 상품인 입욕제가 색상별로 진열되어 있는 모습. 모든 제품을 눈으로 보고, 향을 맡고, 손으로 만져볼 수 있게 디스플레이해 두었다.

April. 〈에뚜왈〉은 정말 많은 사람이 '마들렌 맛집'이란 걸 알고 있더라고요. 홈페이지도 따로 없고, 방송에 나온 것도 아닌데 어떻게 그렇게 많은 사람이 알고 있는 걸까요?

Aileen. 무엇보다, 고객을 감동하게 할 만큼 맛있는 제품이 있으니까요. 하지만 그 감동을 더해주는 다양한 감각적 요소도 역할하고 있어요. 〈에뚜왈〉 매장에 들어서자마자 굉장히 고소한 버터 향이 가득 나요. 내부가 좁고 주방이 연결되어 있기 때문이겠죠. 그래서 매장에 들어서면 후각으로 먼저 〈에뚜왈〉을 경험할 수 있어요. 그리고 미각은 시각과 가장 밀접한 관계를 맺고 있어요. 고급 레스토랑이 플레이팅에 신경 쓰고, 똑같은 음식이라도 예쁘고 푸짐하면 더 맛있어 보이는 것도 그런 이유예요. 〈에뚜왈〉은 들어가면 입구 가장 근처에 먹음직스럽게 쌓아놓은 마들렌을 볼 수 있어요. 심지어 다른 베이커리는 투명한 진열장에 들어 있는데, 마들렌을 더 잘 볼 수 있게 진열장 밖에 꺼내두었어요. 마들렌 종류도 거의 10가지나 되고, 재료에 따라 색상도 모두 다양하죠. 그런 형형색색의 마들렌을 보고 있다 보면 자연스레 이곳이 마들렌 맛집이라는 기대와 신뢰가 생겨요. 그리고 기대를 충분히 만족시키는 맛을 경험할 때 고객은 감격하는 거죠. '눈으로, 코로, 입으로' 맛보는 에뚜왈의 마들렌이 너무 맛있으니까요!

▲ 잘 만들어진 마들렌의 증거, '마들렌 배꼽'이 잘 살아 있다. 산처럼 쌓여 있어 툭 튀어나온 마들렌 배꼽이 더 눈에 띄고 탐스러워 보인다.

화장품 브랜드는 제품 테스트 말고 뭐가 특별해요?

April. 〈이스라이브러리〉 쇼룸은 개인적으로 신사에서 가장 좋았던 곳이었어요. 매장 분위기가 조용하고 차분한 게 왠지 모르게 브랜드, 〈이스라이브러리〉랑 잘 어울렸거든요. 제품 테스트할 때 매니저님이 옆에서 설명해 주시는 것도 좋았어요. 제품 배경을 알고 나니까 브랜드를 경험한다는 느낌도 더 들었고요.

그런데 사실 화장품 테스트나 제품 설명은 다른 화장품 브랜드에서도 하는 거잖아요. 왜 유독 〈이스라이브러리〉가 인상 깊었는지 모르겠네요. 에일린은 어떠셨나요?

Aileen. 저도 〈이스라이브러리〉가 공간으로 브랜드를 경험하게 하는 방식이 인상 깊었어요. 무엇보다 매장에서 아무런 간섭 없이 머무르도록 배려해 주시는 매니저님의 모습이 가장 인상적이었어요. 적당히 배려하는 것을 넘어서 편하게 공간에 머무를 수 있도록, 아이 콘택트조차 없었으니까요. 덕분에 정말 편하게 차와 다과를 먹으며 공간을 볼 수 있었죠. 그뿐만 아니라, 보이는 조명, 소품 모두 전통적인 한국의 이미지와 잘 어울리는 요소가 많았어요.

처음 매장에 들어갔을 때 편하고 좋은 향이 났던 것도 기억나요. 매장에서 나는 좋은 향기는 브랜드에 긍정적인 감정을 갖게 한다는 걸 알고 있나요? 후각은 무의식적으로 감정을 유발하기도 하고, 경험이나 감정을 다시 떠올리는 데 큰 영향을 미치거든요. 그래서 〈이스라이브러리〉가 긍정적인 이미지로 기억에 남아 있는 것 같아요.

April. 다시 생각해 보니까 다과 서비스도 독특했네요. 다른 화장품 매장에서는 본 적 없는 서비스거든요. 그리고 먹었던 우엉차랑 약과가 꽤 맛있어서 더 좋았어요. 좋은 향기가 기분 좋게 하는 것처럼 맛있는 걸 먹으면 기분이 좋아지잖아요.

Aileen. 〈이스라이브러리〉의 전통 이미지와 잘 어울리는 다과를 제공하면서 공간에 오래 머무를 수 있게 한 아이디어가 좋았던 것 같아요. 먹을 수 없는 화장품 브랜드가 맛보는 마케팅을 사용했다는 점에서 눈여겨볼 만했죠. 우리 브랜드가 가지기 어려운 감각적 요소를 새로운 서비스에 접목하여 좋은 브랜드 경험으로 만들고 있는 좋은 사례예요.

▲ 〈이스라이브러리〉의 'Moonlight Garden' 향이 공간을 가득 채우고 있다.

▲ 작은 소반에 놓인 차와 다과.

한 건물 안에서도 다른 공간처럼 느껴지게 하는 방법

April. 성수에도 있었던 〈아더 스페이스〉를 신사에서도 방문했잖아요. 성수점이 그랬듯 공간이 난해해서 다녀오면 항상 '왜?'라는 질문이 떠오르는 것 같아요. 그래도 〈아더 신사 스페이스〉는 공간에 대한 설명이 좀 나와 있었어요. 읽어드릴게요!

"브랜드 아더는 시간의 흐름 속에서 각자 떨어져 존재하는 고유 시간과 차원이 서로 유기적으로 연결되고 소통하는 세계를 상상했다. 그리고

이 상상을 물질과 빛이라는 메인 테마와 건축, 오브제, 뉴미디어 아트에
접목하여 아더 스페이스 3.0 신사 플래그십 스토어를 구현해 냈다."

요약하자면 '시간과 차원의 연결을 물질과 빛, 오브제와 뉴미디어 아
트로 구현했다.'라는 것 같긴 한데, 저는 사실 읽어도 잘 이해가 안 돼
요. 에일린은 이 지점이 잘 느껴지셨나요?

Aileen. 설명이 좀 어렵게 느껴질 수 있지만, 〈아더〉가 의도하는 바를
엄청난 규모로 경험했죠. 6개 층이라는 건물의 규모도 그렇지만, 층마
다 〈아더에러〉가 기획하고 구현해 놓은 퀄리티가 엄청났잖아요. 무엇
보다 지금 얘기하고 있는 감각 마케팅에서 이만큼 진지한 브랜드를 찾
기 어려울 거예요.

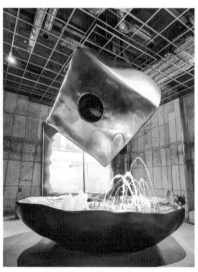

▲ 2층 계단의 화려한 미디어아트. 서로에게 엉겨 ▲ 메인 전시홀의 '변형 물질 큐브'. 웅장한 음악, 계
붙은 우주인들이 위아래로 움직인다. 속해서 뿜어나오는 분수가 신비로운 느낌을 준다.

브랜딩 초보자를 위한 브랜드 산책노트

앞서 시각과 후각을 이야기했으니, 청각에 맞춰 이야기해 볼게요. 청각은 우리가 의지대로 차단할 수 없는 감각기관이에요. 그 덕분에 잘 사용한다면 고객이 소리로 우리를 인지하게 만들거나 콘셉트를 받아들이는 데 도움을 줄 수 있어요. 〈아더 신사 스페이스〉에서는 테마에 따라 음악을 다르게 사용하여 공간 간의 차이를 구별했죠. 6층에서 들었던 성당 음악 기억나요? 아래층은 힙하고 화려한 오브제가 가득했는데, 6층은 다른 요소 없이 스테인드글라스와 노래만 활용해 더 신비로운 분위기를 만들었잖아요.

April. 저도 6층에서 왠지 모를 신비로운 느낌이 들었던 건 기억나요. 그게 성당 음악 때문이었군요! 제가 모르는 사이 계속해서 〈아더에러〉의 청각 마케팅에 노출되고 있었다는 게 신기하고 한편 무섭네요. 그럼 〈아더에러〉가 이렇게까지 감각 마케팅을 활용해서 보여주려고 하는 건 뭘까요? 두루뭉술하게 신비한, 신선한 경험을 했다고는 느꼈는데, 의도를 정확히 정리하기 어렵네요.

Aileen. 〈아더에러〉의 슬로건이 'but near missed things'예요. 이 슬로건을 바탕으로 일상에서 놓치고 있는 것을 익숙하지만 낯설고 새롭게 전한다고 해요. 브랜딩의 관점에서 보면, 바로 이 슬로건이 브랜드의 메시지로 보이네요. 〈아더 신사 스페이스〉 또한 성수 매장과 동일하게 〈아더에러〉가 자신들이 중요시하는 '낯설고 새롭게' 바라보는 시선을 전달하는 노력이죠. 패션에 국한되지 않고, 낯설고 새롭게 구현해 놓은 공간을 통해서요. 그런 점에서 〈아더에러〉는 브랜드의 가치를 보고, 듣고, 맡고, 맛보고, 만지는 모든 감각을 통해 전하고 있는 감각 마케팅의 귀재라고 보여요.

▲ 3층으로 올라가는 계단 옆 벽면 틈새에 설치한 '타이니 홀'. 우주 한가운데에 있는 듯한 배경과 계단에 홀로 앉아 있는 미니어처의 생각을 상상하게 만든다.

브랜드 초보 April의 후기

그동안 브랜드 개념을 들으면서, '그럼 브랜드는 브랜드 정체성만 있으면 다 되겠구나.'라고 생각하고 있었어요. 브랜드 정체성만 있다면 글로 열심히 적어서 고객에게 보여주면 되겠지 싶었죠.

브랜딩 초보자를 위한 브랜드 산책노트

오늘 인터뷰를 하고 나니, 브랜드를 소비자에게 인식시키는 방법은 제가 생각한 것과 많이 달랐어요. 감각 마케팅이라니! 소비자가 눈치채지 못할 만큼 더 섬세하고 은근한 작업이었네요. 은은하게 마음속에 남는 브랜드를 떠올리며, 나도 모르는 사이에 빠져들었던 경험이 아닐까 생각해 보게 돼요. 매장의 향과 나오는 음악, 만져지는 물체의 촉감까지 소비자에게 영향을 준다는 점을 생각해 보면, 앞으로 브랜드를 방문할 때 볼 수 있는 게 더 많아질 것 같아요.

이 책을 읽고 계신 여러분도 앞으로 만날 브랜드 경험과 시야가 넓어지길 바라며, 마지막 비하인드 인터뷰를 마칩니다.

April이 뽑은 신사동의 브랜딩 비밀!

1. 남다른 콘셉트를 가진 브랜드는 화제를 일으켜 지역에 사람을 부른다.
2. 대중적인 리브랜딩은 브랜드에 친근함을 갖게 한다.
3. 오감으로 경험하는 브랜드는 기억에 더 오래 남는다.

April. 한남, 용산, 성수, 신사를 돌아보며 브랜드를 60개나 보았다니! 다녀왔던 브랜드와 그때의 경험을 돌아보게 되네요. 한 지역을 다녀올 때마다 인터뷰했었는데, 그러면서 저의 브랜딩 지식이 정말 많이 늘어난 것 같아요. 신기한 건, 가장 처음에 갔던 한남동의 브랜드와 가장 마지막에 방문한 신사동의 브랜드를 다르게 기억한다는 거예요. (브랜드가 다른데 당연한 거 아니냐고요? 아니, 그런 이야기가 아니잖아요!) 한남동에서 갔던 카페나 음식점은 주로 '맛있었다'라는 인상밖에 기억나지 않지만, 신사동은 입구에 걸린 브랜드 로고부터 키 컬러, 브랜드 콘셉트 등 브랜드 요소가 위주로 기억나요. 아는 게 많으면 보이는 게 늘어난다는 말처럼, 브랜딩 지식을 아는 게 많을수록 정말 보이는 게 많아지나 봐요. 이 책을 보신 독자분들도 앞으로는 어디를 가든 브랜드 요소가 눈에 들어오실 거예요. 저희의 브랜드 여정을 재밌게 보셨길 바라며, 마지막 인사말을 마칩니다.

Aileen. 하나의 브랜드를 만든다는 것은 한 사람을 키우는 것만큼이나 많은 에너지와 시간이 필요하다는 것을 깨닫습니다. 〈마법의딸기〉를 세상에 내놓고, 감사하게도 많은 사람에게 사랑받았습니다. 우리가 카페에서 시작했던 것처럼 카페 사장님들이 우리 브랜드와 함께 웃는 날이 많아지길 바랐지만, 마음만큼 우리의 가치관을 전달하는 것은 쉽지 않았습니다. 어떻게 브랜드를 성장시켜야 하는지, 어떻게 고객에게 가치를 전달할 수 있을지에 대한 고민으로 시작한 브랜드 탐방기가 이 책이 되었습니다. 자기다움으로 브랜드 정체성을 세상에 전달하는 방법을 60여 개의 사례로 살펴보았습니다. 사람들에게 사랑받는 브랜드를 보면서 우리 브랜드에 적용할 지점을 생각하는 순간은 여전히 설레는 작업입니다. 저는 아직 공부할 것이 더 많은 브랜더로, 함께 성장하는 브랜드를 구축하려고 합니다. 그것이 평생 성장을 꿈꾸는 제가 가장 잘할 수 있는 브랜딩이니까요. 모든 것이 브랜드인 시대, '나'라는 브랜드부터 시작해 보면 좋겠습니다. 여러분의 브랜드, 나의 자기다움은 무엇인가요? 세상에 어떤 가치를 전하고 싶으신가요? 저마다의 자기다움으로 브랜드가 많아졌으면 좋겠습니다. '열정으로 성장하는 에일린'의 브랜드 산책에 함께 해주셔서 감사합니다.

브랜딩 초보자를 위한 브랜드 산책노트